Vom Schatten ins Licht

Zeitenwende in der deutschen Veteranenkultur

Marcel Bohnert

Standpunkte und Orientierungen Band 17
Herausgegeben von Uwe Hartmann

Vom Schatten ins Licht

Zeitenwende in der deutschen Veteranenkultur

Marcel Bohnert

2024

Carola Hartmann Miles-Verlag

Bibliografische Information der Deutschen Nationalbibliothek
Die Deutsche Nationalbibliothek verzeichnet diese Publikation in der Deutschen Nationalbibliografie; detaillierte bibliografische Daten sind im Internet über www.dnb.de abrufbar.

www.miles-verlag.jimdo.com
email: miles-verlag@t-online.de

Herstellung: Libri Plureos GmbH, Friedensallee 273, 22763 Hamburg

Printed in Germany

ISBN 978-3-96776-089-7

Inhalt

Vorwort

Als jemand, der viele Jahre als militärischer Vorgesetzter sowohl im Inland als auch im Ausland gedient und von 2012 bis 2015 das Deutsche Heer geführt hat, ist das Thema dieses Buches für mich von besonderer persönlicher Bedeutung. Ich hatte die Ehre, unsere Soldaten in Situationen zu führen, die nicht nur höchste Professionalität, sondern auch außergewöhnliche Opferbereitschaft erforderten. Immer wieder war ich tief beeindruckt von der Hingabe und dem unermüdlichen Einsatz unserer Männer und Frauen – Menschen, die bereit sind, für unser Land und unsere Lebensweise das Äußerste zu geben.

Unsere Veteranen verkörpern das Beste, was unsere Gesellschaft zu bieten hat: Mut, Disziplin, Verantwortungsbewusstsein und Pflichttreue. Ihre Anerkennung und Wertschätzung gehen weit über einen bloßen Akt der Dankbarkeit hinaus. Sie sind Ausdruck unseres kollektiven Willens zur Selbstbehauptung und des Engagements, für das einzustehen und das zu verteidigen, was unsere Gesellschaft ausmacht. Dieser Wille zur Wehrhaftigkeit ist unerlässlich, um auch in Zukunft unsere Freiheit und Lebensweise zu bewahren.

Die Veteranenkultur in Deutschland befindet sich an einem Wendepunkt. Es ist an der Zeit, unsere Veteranen nicht nur als aktive und ehemalige Soldaten zu sehen, sondern als Menschen, die durch ihren Dienst zu einem unersetzlichen Teil unserer Gesellschaft geworden sind. Ihre Erfahrungen und ihr Einsatz haben weit über ihre aktive Dienstzeit hinaus Relevanz. Sie sind Brückenbauer zwischen militärischem Dienst und ziviler Gesellschaft und somit unverzichtbar für ein starkes und widerstandsfähiges Deutschland.

In anderen Ländern, wie den Vereinigten Staaten oder den Niederlanden, ist der Respekt und die Wertschätzung von

Veteranen tief in der Gesellschaft verwurzelt. Diese Nationen haben längst erkannt, dass die Ehrerbietung gegenüber ihren Veteranen nicht nur den Einzelnen auszeichnet, sondern auch das Fundament einer wehrhaften und widerstandsfähigen Demokratie stärkt. Ich wünsche mir sehr, dass diese Haltung auch in Deutschland selbstverständlich wird.

Die Veteranenpolitik muss im Zentrum unserer gesellschaftlichen und politischen Debatten stehen. Dabei geht es nicht nur um soziale Unterstützung oder rechtliche Anerkennung, sondern um die grundlegende Frage: Wie gehen wir als Nation mit jenen um, die bereit sind, alles zu geben? Die Antwort auf diese Frage bestimmt nicht nur unseren Umgang mit den Veteranen, sondern reflektiert auch den Zustand unseres nationalen Selbstverständnisses.

Das vorliegende Buch von Oberstleutnant i.G. Marcel Bohnert leistet einen wertvollen Beitrag zur Entwicklung einer deutschen Veteranenkultur. Bohnert ist nicht nur ein erfahrener Offizier, der selbst Auslandseinsätze absolviert hat, sondern auch einer der führenden Experten in der aktuellen Veteranendiskussion in Deutschland. Mit seiner umfangreichen Expertise und tiefen Kenntnis des Themas führt er uns durch die entscheidenden Fragen und Entwicklungen der Veteranenkultur.

Marcel Bohnert zeigt eindrucksvoll auf, wie diese Kultur in Deutschland im Entstehen begriffen ist und welche Bedeutung sie für unsere Gesellschaft hat. Sein Werk verdeutlicht, dass es sich um eine Bewegung im Aufbruch handelt, die nicht nur das Verständnis von Veteranen neu definiert, sondern auch einen wichtigen Beitrag zur Stärkung unseres nationalen Zusammenhalts leistet.

Ich begrüße dieses Buch außerordentlich und hoffe, dass es möglichst viele Menschen in unserem Land erreicht. Denn nur durch die breite gesellschaftliche Auseinandersetzung und Wertschätzung können wir das Verständnis für die Leistungen unserer Veteranen fördern und die Grundlage für eine starke, zukunftsgerichtete Veteranenkultur in Deutschland legen.

Dieses Buch ist ein Aufruf zur Anerkennung und Wertschätzung unserer Veteranen – und zur aktiven Mitgestaltung einer neuen Veteranenkultur in Deutschland.

Bruno Kasdorf, Generalleutnant a.D.
November 2024

1 Prolog: Marsch zum Gedenken 2024

„Hier spricht die Gizmo-Formation. An alle tapferen Männer und Frauen dort unten, die den Marsch auf sich nehmen, um das Andenken an 117 unserer Brüder und Schwestern zu ehren: Wir sehen euch! Jeder eurer Schritte ist ein lebendiges Denkmal für den Mut und die Aufopferung. Euer Marsch zeigt, dass Kameradschaft und Erinnerung stärker sind als der Tod. Und wir fliegen mit Stolz an eurer Seite. Gizmo-Formation, Ende."

Mit diesen Worten wandte sich eine Tiger-Crew des Kampfhubschrauberregimentes 36 im August 2024 bei ihrem Vorbeiflug an die Teilnehmerinnen und Teilnehmer des siebten »Marsches zum Gedenken«. Rund 140 Soldatinnen und Soldaten standen angetreten auf einer Landstraße in Brandenburg, als ihnen der Helikopter im Tiefflug über ein Feld die Ehre erwies. »Gizmo« war das Callsign eines abgestürzten Hubschraubers in Mali, in dem 2017 zwei deutsche Soldaten ihr Leben verloren. Es wird normalerweise nicht im Inland benutzt – der würdige Gedenkmarsch war dem Kampfhubschrauberregiment jedoch Anlass genug, das Rufzeichen erneut zu verwenden.[1] Diese besondere Geste steht exemplarisch für etwas, das Außenstehenden nicht so leicht zu erklären ist: Eine kameradschaftliche Verbundenheit und Treue unter Soldatinnen und Soldaten, die über den Tod hinaus geht.

Einen Tag später stehen die 140 Soldatinnen und Soldaten am Rande der Reichstagswiese. In durchgeschwitzten Feldanzügen blicken sie mit stolzen und abgekämpften Gesichtern auf den Sitz unseres Parlamentes. 120 Kilometer Fußmarsch steckten ihnen in den Knochen. Sie waren vier Tage

---

[1] Vgl. Seeger, Daniel (2024): Fritzlarer Bundeswehrpiloten sorgen für emotionalen Moment – Funkspruch geht viral. Hessische/Niedersächsische Allgemeine, 24.08.2024, HNA.de; Meyer, Jan (2024): Besuch von „Gismo": „Tiger"-Besatzung begeistert beim Marsch zum Gedenken. Die Bundeswehr, 9, S. 7.

lang für die Toten und Gefallenen der Bundeswehr marschiert. Von Brandenburg ins Zentrum Berlins. Einer von ihnen ist der Bruder von Hauptfeldwebel Tobias Lagenstein, der 2011 in der afghanischen Provinz Tachar starb. Ein Selbstmordattentäter hatte auf einer Sicherheitskonferenz einen Sprengsatz gezündet. Im Blick von Thomas Lagenstein vermischen sich Trauer und Stolz. Er hat den Marsch als Reservedienstleistender absolviert und trägt heute selbst Uniform.

In den Reihen der angetretenen Soldatinnen und Soldaten fallen aber auch einige Personen in ziviler Kleidung auf. Zum Beispiel der Vater von Hauptmann Markus Matthes. Sein Sohn wurde 2011 auf einer Patrouille in Kunduz von einer Sprengfalle zerfetzt. Oder Karin, die Mutter von Oberfeldwebel Florian Pauli. Ihr Sohn starb in der afghanischen Provinz Baghlan, als sich 2010 ein Selbstmordattentäter an einem Außenposten in die Luft sprengte. Auch die Eltern des Oberstabsgefreiten Christoph Sauter sind vor Ort. Ihr Sohn war im Jahr 2022 in einem Militärkonvoi unterwegs zu einem Truppenübungsplatz in Brandenburg. Ein ziviler LKW drängte sein Fahrzeug ab und ließ es gegen einen Betonpfeiler prallen. Er und ein weiterer Soldat starben.

Die Hinterbliebenen haben inmitten der Antreteformation ihren Platz gefunden. Man merkt ihnen trotz ihrer schmerzlichen Verluste an, dass sie sich im Kreise der Marschteilnehmenden aufgehoben fühlen. Sie gehören dazu.

Die Solidarität ist groß an diesem Tag. Zwischen den Soldaten und den Angehörigen der Verstorbenen und Gefallenen. Sie war auch während der vorangegangenen Marschtage groß: Die Bevölkerung hatte meist neugierig und interessiert auf die Truppe reagiert. Freundliche Worte, fröhliches Winken. Und immer wieder applaudierende Passantinnen und Passanten – häufiger und begeisterter als in den Jahren zuvor. Und sie wird auch später an diesem Tag noch groß sein:

Vorbei am Brandenburger Tor marschiert die Truppe zu einer Gedenkminute am Holocaust-Mahnmal und schließlich zu einem Abschlussappell, einer Trauerfeier und einem Empfang in das Bundesministerium der Verteidigung.

Die Bundeswehr bereitet den Ankömmlingen ein würdiges Willkommen. Einige offizielle Worte, eine Trauerzeremonie am Ehrenmal der Bundeswehr, ein kleiner Empfang. In diesem Jahr gab es auch erstmals eine weitreichende mediale Berichterstattung zum Marsch. Während in den Vorjahren zumeist nur ein paar Lokal- und Vereinsmedien berichteten, schaffte es die Formation 2024 immerhin in die Abendnachrichten des ZDF.[2]

Teilnehmende des »Marsches zum Gedenken« passieren auf der finalen Etappe unter den neugierigen Blicken von Passantinnen und Passanten das Brandenburger Tor in Berlin (Foto: Yann Bombeke/Deutscher BundeswehrVerband).

[2] Vgl. Sternberg, Scarlett (2024): Gedenken an gefallene deutsche Soldaten. ZDF heute. 22.08.2024, ZDF.de [Video verfügbar bis 22.08.2025].

Ansonsten blieb man aber auch dieses Mal weitgehend unter sich. Wer sich umfangreiche politische Repräsentanz erhofft hatte, wurde mal wieder enttäuscht. Immerhin: Die Parlamentarische Staatssekretärin Siemtje Möller richtete vor dem Bundestag einige Worte an die Teilnehmenden und begleitete sie, eingereiht in die Formation, bis ins Verteidigungsministerium. Dort warteten der Vorsitzende des Verteidigungsausschusses Marcus Faber sowie der Stellvertreter des Generalinspekteurs der Bundeswehr, Generalleutnant Andreas Hoppe.

Auch wenn der Empfang noch weitaus größer hätte ausfallen können – er erinnert zumindest nicht mehr an die ersten Marschjahre, in denen sich die Marschierenden teils vollends vergessen und ignoriert fühlten.

Das Bild ihrer Ankunft glich da noch der trostlosen Afghanistan-Heimkehr am niedersächsischen Fliegerhorst in Wunstorf. Im Juni 2021 verließ dort eine in Wüstentarn gekleidete Truppe ohne die Anwesenheit von Politikerinnen oder Politikern ihren Transportflieger und ließ so den zwanzigjährigen Einsatz der Bundeswehr am Hindukusch enden. Die Entrüstung über dieses unwürdige Bild entlud sich seinerzeit in den Sozialen Medien, wo sich Veteranen und ihre Unterstützer in ungewöhnlicher Schärfe empörten.[3] Es ging hier eben nicht nur um die gerade gelandeten 264 Soldatinnen und Soldaten, sondern um ein Symbol für 20 Jahre militärischen Engagements in Afghanistan mit all seinen Strapazen und Entbehrungen. Mit all seinen Gefallenen, Verwundeten und Traumatisierten.

[3] Vgl. Carstens, Peter (2021): Truppenabzug aus Afghanistan. „Ein Zeichen der Wertschätzung für die Soldaten“. Frankfurter Allgemeine Zeitung, 06.07.2021; Prantl, Heribert (2021): Afghanistan-Einsatz. Stille Heimkehr. Süddeutsche Zeitung, 16.07.2021; Bohnert, Marcel (2021): Ich war in einem Krieg, den es nicht geben durfte. Der Spiegel, 32, S. 24f.

Aus der Verteidigungspolitik wurde sich mehrfach für diese unsägliche Rückkehr entschuldigt. Parallel lief bereits die dramatische Rückeroberung des Landes durch die Taliban. Knappe zwei Monate später, als die afghanische Hauptstadt Kabul schließlich überrannt wurde und deutsche Soldatinnen und Soldaten nach der Evakuierung von über 5.000 Menschen erneut heimkehrten, machte Politik vieles richtig: Flughafenempfang, späterer Appell und ein Zapfenstreich vor dem Reichstagsgebäude.

Ohnehin hat seither ein Wandel im Verhältnis von Bundeswehr und deutscher Gesellschaft eingesetzt: Russlands Angriff auf die Ukraine löste Anfang 2022 auch in Deutschland eine sicherheits- und verteidigungspolitische Zeitenwende aus. Bundespräsident Frank-Walter Steinmeier hat die Invasion als »Epochenbruch« bezeichnet und damit aufgezeigt, dass sie eine alle Bereiche unseres Lebens betreffende Veränderung eingeleitet hat. Durch den Krieg an der NATO-Ostflanke ist vielen Menschen die Bedeutung eines wehrhaften Staates heute wieder gegenwärtig. Während die Auslandseinsätze der vergangenen Jahrzehnte weitgehend außerhalb der deutschen Lebensrealität stattgefunden haben, sind die Auswirkungen für die Einzelnen durch Flüchtlingsströme, eine mediale Bilderflut und eine steigende Inflation nun auch unmittelbar spürbar. Viele Menschen haben zudem Angst vor einer Ausweitung des Krieges.

Das hat offenkundig auch zu einem Umdenken in Bezug auf die Bundeswehr geführt.[4] Trotz aller Tragik bietet dieses historische Momentum deshalb auch die Gelegenheit zu einer

[4] Vgl. Graf, Timo (2024): Was bleibt von der Zeitenwende in den Köpfen? Sicherheits- und verteidigungspolitisches Meinungsbild in der Bundesrepublik Deutschland 2023. Forschungsbericht 136. Zentrum für Militärgeschichte und Sozialwissenschaften der Bundeswehr: Potsdam, S. 41ff. & S. 89f.

grundlegenden Neubestimmung des Verhältnisses von Bundeswehr und Gesellschaft.

Und damit auch zu einem neuen Umgang mit Veteraninnen und Veteranen. Inwiefern dem geänderten gesamtgesellschaftlichen Stimmungsbild inzwischen auch konkrete Maßnahmen gefolgt sind und welcher weiteren Schritte es noch bedarf, ist Gegenstand der Analyse dieses Buches.

2 Einleitung: Neue deutsche Veteranen

Als deutsche Vorkommandos ihre Stiefel im November 1991 erstmals auf kambodschanischen Boden setzten, um eine Mission der Vereinten Nationen vorzubereiten, war noch nicht absehbar, dass sie damit eine knapp dreißig Jahre andauernde Phase des Engagements der Bundeswehr im Internationalen Krisen- und Konfliktmanagement einleiten würden. In den Folgejahren wandelten sich die Streitkräfte von einer auf heimatlichem Boden für die Landes- und Bündnisverteidigung trainierenden Armee in eine, die ihre Angehörigen kontinuierlich in gefährliche Missionen außerhalb des NATO-Bündnisgebietes schickte.

Bosnien-Herzegowina, Kosovo, Sudan, Kongo, Horn von Afrika, Mittelmeer, Mali usw. – binnen weniger Jahre fand sich die Bundeswehr in einer Situation wieder, in der zeitweise fast 10.000 ihrer Angehörigen zeitgleich in weltweiten Missionen eingesetzt waren.

In vielerlei Hinsicht sticht der Afghanistan-Einsatz aus der Reihe der Einsatzgebiete der Bundeswehr hervor: Was 2002 mit umjubelten Patrouillen in der afghanischen Hauptstadt begonnen hatte, ging ab 2006 zunehmend in heftige Gefechte und einen blutigen Guerillakampf über.

Auch in Bosnien, im Irak oder im Roten Meer waren Bundeswehrangehörige extremen Strapazen und Belastungen ausgesetzt, ohne dass dies die Öffentlichkeit besonders interessiert hätte.[5] Im Gegenteil: Die meisten Einsätze lagen weit außerhalb der Wahrnehmung und Lebensrealität unserer Bevölkerung. Beim Heranreifen zur international agierenden

[5] In der aktuellen Veteranenliteratur erhält man teils sehr persönliche Einblicke in die kriegerische Intensität der Missionen in Afghanistan und anderen Einsatzgebieten: Gerstner, Christian (2023): Unter dem Schwert. 15 Jahre im Kommando Spezialkräfte. Miles: Berlin; Vockerodt, Hagen (2024): 1638 Tage im Krieg. Die Kehrseite der Einsatzmedaille. Miles: Berlin.

Einsatzarmee haben Politik und Gesellschaft kaum Schritt halten können. Die idealisierte Vorstellung von „Gutkriegern"[6] und bewaffneten Wiederaufbauhelfern wurde trotz der wachsenden Verwicklung in Kampfhandlungen und Anschläge nicht nachhaltig erschüttert.

Im Laufe der Jahre wandelte sich die Afghanistan-Mission von einer Stabilisierungsoperation zu einem Kampfeinsatz. In einem asymmetrischen Bedrohungsumfeld waren unsere Soldatinnen und Soldaten extremen Strapazen, Gefechten und Anschlägen sowie Tod und Verwundung ausgesetzt. Das Engagement am Hindukusch gilt als bislang härteste Bewährungsprobe für die Bundeswehr und war wesentlicher Impulsgeber für die Entstehung der neuen Veteranenkultur (Foto: Task Force Kunduz III).

Heimkehrer – oft junge Menschen – strömten mit intensiven Erfahrungen zurück nach Deutschland. Meist abseits der Öffentlichkeit und oft ohne jegliche Wahrnehmung oder Wertschätzung ihrer Erlebnisse. Die Aussetzung der Allgemeinen Wehrpflicht im Jahre 2011 verringerte die Sichtbar-

[6] Chauvistré, Eric (2009): Wir Gutkrieger. Warum die Bundeswehr im Ausland scheitern wird. Campus: Frankfurt a.M.

keit der Bundeswehr und das Wissen über die Streitkräfte noch zusätzlich. Die ohnehin brüchige Verankerung der Bundeswehr in der Gesellschaft erodierte dadurch noch weiter. Hinterbliebene wurden oft allein gelassen, Traumatisierte in eine bürokratische Hölle geschickt. Dabei sind die soziale Anerkennung und Unterstützung wichtige Faktoren für die gelingende Aufarbeitung von Extremereignissen. Im Verhältnis von Heimkehrenden und Gesellschaft herrschte häufig eine Sprachlosigkeit, die Fremdheits- und Distanzierungsgefühle erzeugte.

Bei vielen Einsatzveteraninnen und -veteranen verstärkten sich dadurch Rückzugstendenzen und der Wunsch, in ihren Reihen zu bleiben und sich nur dort über das Erlebte auszutauschen. Auch deshalb berichten selbst belastete Rückkehrerinnen und Rückkehrer immer wieder davon, dass sie die Zeit ihrer Einsätze vermissen. Gemeinsam durchlebte Strapazen und Grenzerfahrungen, das Aufgehobensein und die Geborgenheit in der Gemeinschaft, die vorbehaltlose Kameradschaft, der Teamgeist und der Zusammenhalt – alles Erlebnisse und Gefühle, die sie in der Heimat nicht finden konnten.

Veteraninnen und Veteranen müssen ihre Erfahrungen und ihr Wissen aber in die öffentliche Debatte einbringen können, um die individuelle und kollektive Aufarbeitung voranzutreiben. Geschieht das nicht, werden immer Tendenzen zur Isolation und Selbstextraktion aus der Gesellschaft die Folge sein. Das wiederum begünstigt die Entstehung von Sonderkulturen, die dem Anspruch der Parlamentsarmee, demokratiepolitischen Erwägungen und dem Leitbild des »Staatsbürgers in Uniform« entgegenstehen.

Als kritisch für Veteraninnen und Veteranen stellt sich oft die Entlassung aus den Streitkräften und der damit verbundene Übergang ins zivile Leben dar. Dieser Moment ist eine sensitive Bruchkante, die für die Betroffenen den Verlust eines besonderen Umfeldes und oft auch den Beginn eines vollkommen veränderten Lebens darstellt. Je intensiver ihre Erfahrungen in der Bundeswehr waren, je mehr ihre Tätigkeit mit dem klassischen Militärhandwerk zu tun hatte und je häufiger sie in Auslandseinsätzen oder anderen extremen Situationen eingesetzt wurden, desto herausfordernder gestaltet sich häufig dieser Übergang. Natürlich ist es schlüssig, dass ein Soldat des Kommandos Spezialkräfte, der im weltweiten Einsatz Terroristen bekämpft hat, oder eine Angehörige von Kampftruppen, die wochenlang in afghanischen Schützengräben verbringen musste, sich nicht per se in der friedensgewohnten deutschen Gesellschaft zurechtfinden. Vielen anderen Nationen gelingt es jedoch besser, Brücken zu ihren Veteraninnen und Veteranen zu bauen und die zwangsläufige Kluft zwischen Extremerfahrungen im Dienst der Gemeinschaft und heimatlichem Frieden zu füllen.

In Deutschland haben sich die Betroffenen zunächst selbst geholfen. Der Mangel an Wertschätzung und der Leidensdruck von Verwundeten und Traumatisierten haben dazu geführt, dass sie sich zusammengeschlossen und begonnen haben, auf ihre Situation aufmerksam zu machen. Sie schaffen sich so seit Jahren ihre eigenen Traditionen und kämpfen für eine eigene Identität. Einher ging diese Entwicklung mit der Gründung von Veteranenvereinen, in denen sich junge Einsatzrückkehrende sowie deren Angehörige und Unterstützer zusammenschlossen. Die Ausprägungen dieser Bewegung zeigen sich inzwischen auf vielfältige Art und Weise.

3 Definitionen und begriffliche Abgrenzungen

In der aktuellen Debatte um Veteraninnen und Veteranen in Deutschland gibt es eine Reihe von elementaren Missverständnissen und Ungenauigkeiten. In diesem Abschnitt werden deshalb die wesentlichen Begriffe als Grundlage für die nachfolgenden Ausführungen definiert und gegeneinander abgegrenzt.

3.1 Veteranen in Deutschland

Gemäß einer offiziellen Festlegung von 2018 ist „Veteranin oder Veteran der Bundeswehr [...], wer als Soldatin oder Soldat der Bundeswehr im aktiven Dienst steht oder aus dem Dienstverhältnis ehrenhaft ausgeschieden ist, also den Dienstgrad nicht verloren hat.“ [7] Damit wird in Deutschland auf ein integratives Begriffsverständnis gesetzt, das hierzulande über 10 Millionen Menschen zu Veteraninnen oder Veteranen macht.

Das lateinische Wort »Veteranus« hat seinen Ursprung in der römischen Militärgeschichte und bezeichnet altgediente und erfahrene Soldatinnen und Soldaten, die sich im Laufe ihrer Dienstzeit verdient gemacht haben. In der Alltagssprache wird der Veteranenbegriff auch über das Militär hinaus genutzt und drückt langjährige Bewährung oder Berufserfahrung aus. Die deutsche 360-Grad-Definition deckt sich nicht mit diesem Wortsinn. Sie wirkt kontraintuitiv und begründet wohl die grundlegende Konfusion in der Debatte. Es ergeben sich dadurch auch praktische Herausforderungen bei der

[7] Leyen, Ursula von der (2018): Tagesbefehl zum Veteranenbegriff. Bundesministerium der Verteidigung: Berlin, 26.11.2018.

Identitätsbildung und der Abgrenzung zu nahestehenden Begriffen wie Soldaten, Reservisten oder Ehemalige.

In der Praxis sind inzwischen Binnendifferenzierungen üblich. Eine definitorische Ergänzung um Begriffe wie Bosnien-, Afghanistan- oder Litauen-Veteran sowie die Nutzung der Begriffe Einsatzveteranin bzw. -veteran für Soldatinnen und Soldaten, die außerhalb des deutschen Hoheitsgebietes an mandatierten Einsätzen teilgenommen haben, trägt den besonderen Erfahrungen der jeweiligen Gruppe Rechnung. Durch eine stärkere emotionale Bindung der Betroffenen wirkt sie offenkundig identitätsstiftend, ohne dass daraus eine Besserstellung oder Privilegien abgeleitet werden. Diese die offizielle Definition ergänzenden Begriffe sind inzwischen auch in den ministeriellen Sprachgebrauch übergegangen.[8]

Es gibt auch sporadische Diskussionen darüber, ob ehemalige Angehörige der Nationalen Volksarmee (NVA) der Deutschen Demokratischen Republik (DDR) sowie die Ortskräfte aus den Auslandseinsätzen der Bundeswehr[9] in die Definition einbezogen werden sollten. In der Vereins- und Stiftungsarbeit wird dieser Personenkreis schon heute

[8] Zur Ergänzung des Veteranenbegriffs: Vgl. u.a. Deutscher Bundestag (2024): Unterrichtung durch die Wehrbeauftragte. Jahresbericht 2023 (65. Bericht). Drucksache 20/10500. 12.03.2024, S. 104.

[9] Als Ortskräfte werden Einheimische bezeichnet, die in den jeweiligen Einsatzländern in einem unmittelbaren Arbeitsverhältnis mit der Bundeswehr oder einem anderen deutschen Ressort standen, um beispielsweise als Sprachmittler, Küchenhilfskräfte oder technisches Personal zu arbeiten. Im neueren Sprachgebrauch nutzt das Bundesministerium der Verteidigung die Begriffe »nationale Mitarbeitende« oder »Lokalbeschäftigte«. Ausführliche Informationen: Düe, Nadine & Forster, Fabian (Hrsg.) (2018): Auch. Wir. Dienten. Deutschland. Über die Zusammenarbeit mit afghanischen Ortskräften während des ISAF-Einsatzes. Bundeszentrale für Politische Bildung: Berlin.

nicht ausgegrenzt, sofern er sich eindeutig zur freiheitlichen demokratischen Grundordnung bekennt.

Ein Veteranenabzeichen, das an der zivilen Kleidung getragen werden darf, kann durch aktive und ehemalige Bundeswehrangehörige unabhängig von ihrer Dienstzeit oder Einsatzerfahrung beim Bundesamt für Personalmanagement der Bundeswehr beantragt werden.[10] Es wurde am 15. Juni 2019 erstmals durch die damalige Bundesministerin der Verteidigung, Ursula von der Leyen, öffentlich an Veteraninnen und Veteranen verliehen und wurde bis heute über 100.000 Mal beantragt.

3.2 Veteranenkultur

Unter dem Begriff »Veteranenkultur« lässt sich die Gesamtheit aller Maßnahmen und Aktionen verstehen, die von der Gemeinschaft der Veteraninnen und Veteranen oder vom Kreis ihrer Unterstützerinnen und Unterstützer mit dem Ziel ausgehen, eine eigene Identität zu entwickeln, das Bewusstsein der Gesellschaft für ihre Anliegen zu fördern und als gesellschaftliche Gruppe anerkannt zu werden. Sie folgt in der Regel einem »bottom up«-Ansatz, bei dem versucht wird, durch Basisinitiativen Aufmerksamkeit und Handlungsdruck bei wichtigen gesellschaftspolitischen Akteuren und Institutionen zu erzeugen.

3.3 Veteranenpolitik

»Veteranenpolitik« hingegen ist die Gesamtheit der politisch geschaffenen Bedingungen, die als Voraussetzung für die

---

[10] Abbildung des Veteranenabzeichens im Anhang dieses Buches (S. 126). Derzeit lautet die Mail-Adresse zur Beantragung: BAPersBwVIVeteranenabzeichen@bundeswehr.org [Stand: 05.11.2024].

Entwicklung einer Veteranenkultur betrachtet werden können. Eine funktionierende Veteranenpolitik spannt den Schirm über die Veteranenbewegung und definiert Grenzen, innerhalb derer sie ihre Ausgestaltung fördert. Dadurch wirkt sie »top down«, also von der strategisch-politischen Ebene auf die persönliche Situation und die allgemeine Wahrnehmung von Veteraninnen und Veteranen.

Der Ausdruck »Veteranenwesen« wird teilweise synonym zum Begriff »Veteranenpolitik«, manchmal auch gleichbedeutend mit »Veteranenkultur« genutzt.[11] Er ist jedoch nicht weit verbreitet – vermutlich, weil er einen eher historischen oder behördlich wirkenden Duktus hat.

3.4 Wirkungsfelder

Innerhalb von Veteranenkultur und Veteranenpolitik lassen sich jeweils die Wirkungsfelder »Betreuung und Fürsorge« auf der einen sowie »Anerkennung und Wertschätzung« auf der anderen Seite unterscheiden.

Unter »Betreuung und Fürsorge« versteht man in diesem Kontext Maßnahmen, die sich primär auf die Hilfe bei Verwundungen, Traumatisierungen und den Beistand bei der Rehabilitation und Reintegration von Veteraninnen und Veteranen beziehen. Das schließt nicht nur gesundheitliche und wirtschaftliche Aspekte, sondern beispielsweise auch die Einbindung des sozialen Umfeldes und die Regelung von Verwaltungsangelegenheiten mit ein.

---

[11] Vgl. Janke, Reinhold (2023): Veteranenwesen, in: Zentrum Innere Führung (Hrsg.): Handbuch Innere Führung. Bundesamt für Infrastruktur, Umweltschutz und Dienstleistungen der Bundeswehr: Koblenz, S. 222ff.; Schmitz, Thomas (2023): Verständnis für Veteranen, in: Zentrum Innere Führung (Hrsg.): Handbuch Innere Führung. Bundesamt für Infrastruktur, Umweltschutz und Dienstleistungen der Bundeswehr: Koblenz, S. 228f.

Das Feld »Anerkennung und Wertschätzung« wirkt hingegen auf das Ziel einer positiven gesamtgesellschaftlichen Perzeption von Veteraninnen und Veteranen. Es umfasst den grundlegenden Respekt gegenüber dieser Gruppe sowie die Wahrnehmung und Würdigung von erbrachten militärischen Leistungen.

Beide Wirkungsfelder sind interdependent und als zwei Seiten derselben Medaille zu betrachten.[12]

---

[12] Vgl. Bohnert, Marcel (2023): Neue Kriegsheimkehrer. Der Afghanistan-Einsatz als Treiber der deutschen Veteranenkultur, in: S. Hansen, M. Bartscher & M. Rohschürmann (Hrsg.): 20 Jahre Einsatz in Afghanistan. Ein Paradigmenwechsel des Internationalen Krisen- und Konfliktmanagements der Bundesrepublik Deutschland. Nomos: Baden-Baden, S. 444f.

4 Historie und Status quo Veteranenkultur

Veteranenkultur war hierzulande über viele Jahre ein vernachlässigtes Thema, das lediglich noch in älteren Kriegervereinen oder in den Nischen verbandlicher Kameradschaften gepflegt wurde. Im politischen und öffentlichen Raum hat es im wiedervereinigten Deutschland zunächst keine Rolle gespielt. Von den immer intensiveren Auslandseinsätzen der Bundeswehr gingen jedoch starke Impulse für die Entstehung einer neuen Veteranenkultur aus. Im Folgenden sollen die jüngeren Entwicklungen beschrieben und eine aktuelle Standortbestimmung vorgenommen werden.

4.1 Impulse

Noch zu Beginn der 2010er Jahre assoziierten die Menschen in Deutschland den Veteranenbegriff vor allem mit der Erinnerung an die eigenen Väter oder Großväter. Ihre Vorstellungen bezogen sich vor allem auf Heimkehrende aus den Weltkriegen, manchmal aber auch auf den Krieg in Vietnam oder beispielsweise historische Automobilclubs. In jedem Falle wurde der Begriff als antiquiert angesehen und kaum mit der Bundeswehr oder ihren Auslandseinsätzen in Verbindung gebracht.[13] Viele gingen auch davon aus, dass sich die Veteranentradition mit dem Sterben der älteren Jahr-

---

[13] Vgl. Arlt, Johannes (2024): Rede zum Tagesordnungspunkt »Antrag der Fraktionen von SPD, CDU/CSU, Bündnis 90/Die Grünen und FDP mit dem Titel „Für eine umfassende Wertschätzung – Einen nationalen Veteranentag einführen und die Versorgung von Veteranen und deren Familien verbessern“«. bundestag.de, 25.04.2024; Bulmahn, Thomas (2012): Wahrnehmung und Bewertung des Claims „Wir. Dienen. Deutschland.“, Image der Bundeswehr sowie Haltungen zum Umgang mit Veteranen. Ergebnisse der Bevölkerungsumfrage 2012. Kurzbericht. Sozialwissenschaftliches Institut der Bundeswehr: Strausberg, S. 34ff.; Bohnert, Marcel & Schreiber, Björn (Hrsg.) (2016): Die unsichtbaren Veteranen. Kriegsheimkehrer in der deutschen Gesellschaft. Miles: Berlin, S. 35f.

gänge von allein erledigen würde.[14] Nun erfand ihn aber eine ganze Generation junger Heimkehrer für sich neu und begann, das Thema auf verschiedenen Ebenen voranzutreiben.

Die wesentlichen Impulse für das Entstehen einer neuen Veteranenkultur gingen von den Veteraninnen und Veteranen selbst aus. Insbesondere Einsatzrückkehrerinnen und -rückkehrer aus Afghanistan tauchten als neue soziale Gruppe ohne gesellschaftliche Resonanzfläche für ihre besonderen Erlebnisse und Erfahrungen auf. Zwischen 2001 und 2021 haben mehr als 90.000 Bundeswehrangehörige am Hindukusch gedient – in der International Security Assistance Force (ISAF), der Resolute Support Mission (RSM) oder zuletzt in einer Militärischen Evakuierungsoperation (MilEvakOp).[15] Der Handlungsdruck bei Heimkehrenden und der Leidensdruck von Verwundeten und Traumatisierten wuchsen kontinuierlich und setzten einen Selbstfindungsprozess in Gang, in dem Veteraninnen und Veteranen begannen, sich zu Chronisten ihrer eigenen Geschichten zu machen.[16]

Es erschienen erste soldatische Publikationen zu Einsätzen und Einsatzfolgen, teilweise mit beachtlicher öffentlicher Aufmerksamkeit. Beispiele für Meilensteine sind die Bücher »Die reden – wir sterben« von Andreas Timmermann-Levanas, »Vier Tage im November« von Johannes Clair und

---

[14] Vgl. Janke, Reinhold (2023): Veteranenwesen, in: Zentrum Innere Führung (Hrsg.): Handbuch Innere Führung. Bundesamt für Infrastruktur, Umweltschutz und Dienstleistungen der Bundeswehr: Koblenz, S. 222.

[15] Wenige Wochen nach Abzug der internationalen Truppenkontingente und dem offiziellen Ende des Afghanistan-Einsatzes im Juni 2021 rettete die Bundeswehr im Rahmen einer elftägigen Evakuierungsoperation vom 16. bis 26.08.2021 noch über 5.000 Menschen mit einer Luftbrücke aus der afghanischen Hauptstadt Kabul.

[16] Vgl. Daxner, Michael (2016): Afghanistan hat Veteranen produziert – was nun?, in: M. Bohnert & B. Schreiber (Hrsg.): Die unsichtbaren Veteranen. Kriegsheimkehrer in der deutschen Gesellschaft. Miles: Berlin, S. 109ff.

»Soldatenglück« von Robert Sedlatzek-Müller.[17] Einher ging diese Entwicklung mit der Gründung von Veteranenvereinen, in denen sich vor allem junge deutsche Afghanistan-, aber auch Kosovo-, Bosnien- oder Irak-Rückkehrer sowie deren Angehörige und Unterstützer organisierten. Sie begannen, regelmäßige Mahnwachen und Gedenkveranstaltungen durchzuführen, organisierten Motorradcorsos, Märsche und Spendenaktionen, verfassten Denkschriften, etablierten reichweitenstarke Social Media-Accounts und gaben Interviews. Das Kompendium »Die unsichtbaren Veteranen« fasste 2016 erstmals die Beiträge von Journalisten, Wissenschaftlern und Betroffenen zusammen und zeigte, dass sich in Deutschland eine Bewegung formt.[18]

Ihr allmähliches Heranwachsen wurde von einer längeren Kontroverse zur offiziellen Veteranendefinition begleitet. Im Jahr 2012 wollte Verteidigungsminister Thomas de Maizière eine breite gesellschaftliche Debatte zum Veteranenbegriff initiieren. Er verkündete während eines Appells, dass „Veteran ist, wer ehrenvoll aus dem aktiven Dienst der Bundeswehr entlassen worden ist und an mindestens einem Einsatz für humanitäre oder friedenserhaltende oder friedensschaffende Maßnahmen teilgenommen hat". Sein Vorstoß fand allerdings öffentlich nur wenig Beachtung und blieb ohne nennenswerte Ergebnisse.

---

[17] Weitere wichtige Werke der deutschen Einsatzrückkehrer- und Veteranenliteratur sind im Anhang aufgeführt. Bis auf wenige Ausnahmen wurden alle Bücher ab 2010 publiziert und haben Bezüge zum Afghanistan-Einsatz, was als weiteres Indiz für seine prägende Wirkung betrachtet werden kann.

[18] Vgl. Janke, Reinhold (2023): Veteranenwesen, in: Zentrum Innere Führung (Hrsg.): Handbuch Innere Führung. Bundesamt für Infrastruktur, Umweltschutz und Dienstleistungen der Bundeswehr: Koblenz, S. 223; Bohnert, Marcel & Schreiber, Björn (Hrsg.): Die unsichtbaren Veteranen. Kriegsheimkehrer in der deutschen Gesellschaft. Miles: Berlin.

Auch ein 2015 vorgeschlagenes »Zwei-Veteranen-Modell«, nachdem bei Aktiven zwischen Soldaten und Einsatzsoldaten sowie bei Ehemaligen zwischen Veteranen und Einsatzveteranen unterschieden werden sollte, konnte sich nicht durchsetzen.[19]

Nach einem erneuten Debattenimpuls wurde die offizielle deutsche Veteranendefinition am Volkstrauertag 2018 per Tagesbefehl durch Ursula von der Leyen beschieden. Trotz anhaltender Debatten über die Begrifflichkeit honorierte die Veteranenbewegung diese Wahrnehmung von höchster Ebene und den sich abzeichnenden Aufbruch. Der wenige Monate später verfasste »Leitfaden für die Ausgestaltung der Veteranenarbeit der Bundeswehr« war jedoch ein Dokument, dessen vierzehn Seiten den Eindruck einer schnell zusammengetragenen Sammlung von Allgemeinplätzen erweckte und ohne wahrnehmbare praktische Resonanz blieb.[20] Das Veteranenthema verblieb damit auch weiterhin

---

[19] Vgl. u.a. Schreiber, Björn (2019): Der Veteranenbegriff – Definitionen und deren Bedeutung für das Traditionsverständnis, in: U. Hartmann & C.v. Rosen (Hrsg.): Jahrbuch Innere Führung 2019. Bundeswehr im Aufbruch. Hindernisse von den verteidigungspolitischen Vorstellungen der AfD bis zu den sicherheitspolitischen Meinungen in der Zivilgesellschaft. Miles: Berlin, S. 346ff.; Deutscher Bundestag (2017): Veteranenkonzepte in ausgewählten Ländern. Vergleichende Darstellung. Fachbereich Wissenschaftliche Dienste 2: Berlin, S. 5ff.; Deutscher Bundestag (2016): Kurzinformation. Der Begriff „Veteran" im militärischen Kontext. Fachbereich Wissenschaftliche Dienste 2: Berlin, S. 1ff.; Weber, Christian (2017): Veteranenpolitik in Deutschland. Die neuen Bande der zivil-militärischen Beziehungen? Nomos: Baden-Baden; Weber, Christian (2018): Ist jeder Soldat ein Veteran? Eine kritische Analyse der Veteranendefinition vom Volkstrauertag 2018. Arbeitspapier Sicherheitspolitik 32. Bundesakademie für Sicherheitspolitik: Berlin, S. 1f.; Zentrum Innere Führung (Hrsg.) (2023): Handbuch Innere Führung. Bundesamt für Infrastruktur, Umweltschutz und Dienstleistungen der Bundeswehr: Bonn/Koblenz, S. 222ff.

[20] Stellvertreter des Generalinspekteurs der Bundeswehr/Beauftragter für Reservisten- und Veteranenangelegenheiten (2018): Leitfaden für die

auf Ebene der Basisinitiativen von Vereinen, Verbänden und ihren Unterstützerinnen und Unterstützern.

Als die internationale Staatengemeinschaft 2021 überstürzt aus Afghanistan abzog und die Taliban zügig wieder die Macht übernahmen, blieben die Politik und viele Veteraninnen und Veteranen gleichermaßen fassungslos und ernüchtert zurück. Die einsame Heimkehr der letzten 264 deutschen Soldatinnen und Soldaten wurde zu dieser Zeit zum Symbolbild für das allgemeine Desinteresse an zwei Jahrzehnten am Hindukusch. Sie war auch eine verpasste Chance für die deutsche Veteranenpolitik. Die nachträglichen Entschuldigungen und spätere öffentliche Ehrungen zeigten allerdings, dass durchaus eine politische Disposition für die Anerkennung und Wertschätzung militärischer Leistungen vorhanden war.

Mit Russlands Überfall auf die Ukraine im Februar 2022 begann sich das Bild von Streitkräften hierzulande zu wandeln. Zudem war für 2023 bereits die Ausrichtung der Invictus Games in Deutschland angekündigt worden. Dabei handelt es sich um paralympische Spiele für verwundete, verletzte, traumatisierte und erkrankte Soldatinnen und Soldaten, die von Prinz Harry, Herzog von Sussex, ins Leben gerufen wurden.[21]

Diese Situation und das gesamtgesellschaftliche Klima zum Jahresbeginn 2022 boten eine neue Chance für die

---

Ausgestaltung der Veteranenarbeit der Bundeswehr. Bundesministerium der Verteidigung: Berlin.

[21] Etwa die Hälfte der deutschen Bevölkerung stand den Invictus Games schon im Vorfeld positiv gegenüber, wobei diejenigen, die Werbung oder Berichterstattung wahrgenommen hatten, viel stärker von der Bedeutung der Spiele überzeugt waren (Vgl. Graf, Timo (2024): Was bleibt von der Zeitenwende in den Köpfen? Sicherheits- und verteidigungspolitisches Meinungsbild in der Bundesrepublik Deutschland 2023. Forschungsbericht 136. Zentrum für Militärgeschichte und Sozialwissenschaften der Bundeswehr: Potsdam, S. 49).

Veteranenbewegung. Ihre Akteure erkannten dieses einzigartige Momentum und begannen, sich Anfang 2022 neu zu formieren. Die verschiedenen Anliegen und Ziele wurden dabei erstmalig umfassend miteinander synchronisiert und ausgerichtet, was in späteren Abschnitten dieses Buches beschrieben wird.

Die Invictus Games Deutschland wurden im September 2023 in der Tat zu einem überragenden Ereignis: Über 140.000 Besucherinnen und Besucher hatten bei hochsommerlichen Temperaturen in Düsseldorf eine emotionale Veranstaltung in einzigartiger Atmosphäre erleben dürfen. Die Schicksale der Athletinnen und Athleten und ihre spürbare Leidenschaft haben dazu beigetragen, die Belastungen und Risiken des militärischen Dienstes stärker in das kollektive Bewusstsein der Bevölkerung zu rücken.

Vom 9. bis 16. September 2023 fanden die »Invictus Games« mit über 500 Athletinnen und Athleten aus 21 Ländern in Deutschland statt. Die paralympischen Spiele wurden zum Katalysator für die Anliegen der deutschen Veteranenbewegung (Foto: Sarina Flachsmeier/Deutscher Bundeswehr-Verband).

In unmittelbarer Folge der Invictus Games wurden die Forderungen nach einem nationalen Veteranentag erstmalig von der Regierung aufgenommen. Sowohl Bundeskanzler Olaf Scholz als auch Verteidigungsminister Boris Pistorius äußerten öffentlich, dass sie sich einen solchen Tag vorstellen könnten. Zu Beginn des Jahres 2024 wurde zudem das erste deutsche Veteranenbüro im Herzen Berlins eröffnet. Das waren erste spürbare Erfolge der Bewegung, denen in kurzer Zeit weitere Durchbrüche folgen sollten.

4.2 Forschungsbefunde

Die Fortschritte in der deutschen Veteranenkultur und die Änderungen im öffentlichen Meinungsbild sind inzwischen auch empirisch belegbar. Die jährliche Bevölkerungsbefragung des Zentrums für Militärgeschichte und Sozialwissenschaften der Bundeswehr erfasst seit 1996 das sicherheits- und verteidigungspolitische Meinungsbild der Deutschen und ist ein wichtiger Gradmesser für die gesellschaftliche Legitimation, Relevanz und Integration der Streitkräfte. Mitte 2023 wurden über 2.200 Bürgerinnen und Bürger befragt.[22]

Dabei zeigte sich, dass die positive Haltung gegenüber der Bundeswehr mit 86 Prozent einen historischen Höchstwert erreicht hat. Der Anteil der Bevölkerung mit einer positiven Grundeinstellung zur Bundeswehr ist damit seit 2014 um 11 Prozentpunkte gewachsen, während die Zahl der Bundeswehrkritiker im selben Zeitraum von 20 auf 11 Prozent gesunken ist und sich damit nahezu halbiert hat. Auch das Ansehen der Truppe konnte sich zuletzt steigern und liegt derzeit bei 61 Prozent. 76 Prozent der Befragten glauben, dass

[22] Die Zufallsstichprobe (N = 2.211) ist repräsentativ für die in Privathaushalten der Bundesrepublik Deutschland lebende deutschsprachige Bevölkerung ab 16 Jahren. Die Bevölkerungsbefragung im Jahr 2024 wurde bereits durchgeführt und befindet sich derzeit in der Auswertung.

die Bundeswehr für Deutschland wichtig ist und 63 Prozent bringen dem Dienst von Soldatinnen und Soldaten eine hohe Anerkennung entgegen.[23]

Eine deutliche Mehrheit der Bevölkerung befürwortet auch Unterstützungsmaßnahmen für Veteraninnen und Veteranen, die physische oder psychische Schädigungen erlitten haben. Dazu gehören eine lebenslange soziale Absicherung und eine besondere medizinische Versorgung (84 bzw. 83 Prozent). Im Vergleich zum Vorjahr ist auch der Zuspruch für Maßnahmen zur Anerkennung und Wertschätzung gestiegen: So begrüßen 70 Prozent der Bevölkerung die Einladung von Veteraninnen und Veteranen zu öffentlichen Veranstaltungen, 65 Prozent zu sportlichen Großveranstaltungen und 70 Prozent stimmen einer Veteranenkarte zu, die etwa Vergünstigungen für Freizeitangebote bietet.[24]

Untersucht man die Studie auf konkrete Ableitungen für die zukünftige Praxis im Umgang mit Veteraninnen und Veteranen, dann fällt zunächst auf, dass in den Medien zwar deutlich häufiger über die Bundeswehr berichtet wird, die persönlichen Kontakte von Bürgerinnen und Bürgern jedoch nach wie vor gering sind: Nur 24 Prozent geben an, Soldatinnen und Soldaten im Alltag, also beispielsweise am Wohnort oder beim Einkaufen wahrgenommen zu haben. Bei öffentlichen Veranstaltungen oder beim Zugfahren sind es lediglich 7 Prozent. Die Forschung zeigt allerdings auch,

---

[23] Vgl. Graf, Timo (2024): Was bleibt von der Zeitenwende in den Köpfen? Sicherheits- und verteidigungspolitisches Meinungsbild in der Bundesrepublik Deutschland 2023. Forschungsbericht 136. Zentrum für Militärgeschichte und Sozialwissenschaften der Bundeswehr: Potsdam, S. 41ff.

[24] Vgl. Graf, Timo (2024): Was bleibt von der Zeitenwende in den Köpfen? Sicherheits- und verteidigungspolitisches Meinungsbild in der Bundesrepublik Deutschland 2023. Forschungsbericht 136. Zentrum für Militärgeschichte und Sozialwissenschaften der Bundeswehr: Potsdam, S. 48f.

dass die Bundeswehr bei persönlichen Begegnungen sehr viel positiver wahrgenommen wird als bei medialen Berichten.[25] Offensichtlich gibt es für den Austausch mit Soldatinnen und Soldaten also noch immer zu wenige Gelegenheiten.

In Annahme einer militärskeptischen Gesellschaft hat sich die Politik in den letzten Jahren weitgehend aus dem als heikel wahrgenommenen Veteranenthema herausgehalten. Wie die dargestellten Studienergebnisse, aber auch ganz praktische Beispiele wie die Reaktionen der Bevölkerung während des »Marsches zum Gedenken« zeigen, sind diese Sorgen jedoch in großen Teilen unbegründet.

Damit die Bevölkerung dazu bewegt werden kann, ihre positive Grundeinstellung auch öffentlich zu zeigen, braucht es Stimmen aus dem politischen Raum, die sie ermuntern und zeigen, dass ihr Bekenntnis zu den Streitkräften keine nationalistische Verklärung oder überpathetische Kriegstreiberei bedeutet, wie mitunter in den Echokammern Sozialer Medien und bundeswehrkritischer Informationskanäle suggeriert wird. Zwar laufen diejenigen, die sich öffentlich zur Bundeswehr bekennen, noch immer Gefahr, durch die deutschen Kultureliten „zum Waffennarr abgestempelt oder auf das intellektuelle Niveau eines technikbegeisterten Halbwüchsigen heruntergestuft zu werden."[26] Die Bevölkerungsmehrheit sieht das allerdings anders.

---

[25] Vgl. Graf, Timo (2024): Was bleibt von der Zeitenwende in den Köpfen? Sicherheits- und verteidigungspolitisches Meinungsbild in der Bundesrepublik Deutschland 2023. Forschungsbericht 136. Zentrum für Militärgeschichte und Sozialwissenschaften der Bundeswehr: Potsdam, S. 36f.

[26] Chauvistré, Eric (2009): Wir Gutkrieger. Warum die Bundeswehr im Ausland scheitern wird. Campus: Frankfurt a.M., S. 17; s.a. Bohnert, Marcel & Pütz, Lena (2018): #Uniformgate: Zu bunt gehört auch grün – Die Bundeswehr auf neuen Wegen aus der gesellschaftlichen Isolation, in: U. Hartmann & C.v. Rosen (Hrsg.): Jahrbuch Innere Führung 2018.

Eine angemessene Veteranenpolitik verlangt eine enge Verschränkung und ein gesundes Verhältnis von Bundeswehr und Zivilgesellschaft. Durch direkte Begegnungen und Austausche können mögliche Vorurteile reduziert und die »Black Box Bundeswehr« transparenter werden. Ein Ziel wäre erreicht, wenn Diskursräume geöffnet und mehr Menschen dazu bewegt werden könnten, sich auch bei kritischen Diskussionen für die Belange von Veteraninnen und Veteranen einzusetzen. Die Verlängerung der Debatte ins Private und die intrinsische Überzeugungsarbeit im Freundes- und Bekanntenkreis wären ein echter Erfolg. Die aktuellen Veränderungen bieten für die Neugestaltung der Beziehung zwischen Streitkräften und Gesellschaft jedenfalls eine einzigartige Gelegenheit.

Das Zentrum für Militärgeschichte und Sozialwissenschaften der Bundeswehr ist bislang die einzige Institution, die sich regelmäßig mit dem Phänomen der neuen Veteraninnen und Veteranen auseinandersetzt. Darüber hinaus gibt es lediglich vereinzelte Forschungsprojekte zu Veteranenfragen, wobei sich diese am ehesten mit Fragen von Einsatzfolgen, der Therapie und Rehabilitation sowie der Wiedereingliederung auseinandersetzen.[27] Noch 2016 wurde der Veteranenthematik bescheinigt, dass in ihr „Wissenslücken,

---

Innere Führung zwischen Aufbruch, Abbau und Abschaffung: Neues denken, Mitgestaltung fördern, Alternativen wagen. Miles: Berlin, S. 41ff.

[27] Vgl. u.a. Wittchen, Hans-Ulrich, Schönfeld, Sabine, Kirschbaum, Clemens, Thurau, Christin, Trautmann, Sebastian, Steudte, Susann, Klotsche, Jens, Höfler, Michael, Hauffa, Robin & Zimmermann, Peter (2012): Traumatische Ereignisse und posttraumatische Belastungsstörungen bei im Auslandseinsatz eingesetzten Soldaten. Wie hoch ist die Dunkelziffer? Deutsches Ärzteblatt, 35/36, S. 559ff.; s.a. Seiffert, Anja (2015): »Willkommen in meiner Welt« – Einsatzsoldaten und Heimatgesellschaft, in: R.L. Glatz & R. Tophoven (Hrsg.): Am Hindukusch – Und weiter? Die Bundeswehr im Auslandseinsatz: Erfahrungen, Bilanzen, Ausblicke. Bundeszentrale für Politische Bildung: Bonn, S. 235ff.; Daxner, Michael (Hrsg.): Deutschland in Afghanistan. BIS: Oldenburg.

Tabus und Desinteresse aufeinander stoßen."[28] Zu hoffen ist, dass die derzeitigen Entwicklungen auch das Forschungsinteresse in diesem Feld stärken.

4.3 Offizielle Dokumente

Inzwischen haben der Veteranenbegriff und damit verbundene Themenfelder auch Eingang in einige offizielle Dokumente der Bundesregierung, des Bundestages und des Bundesministeriums der Verteidigung bzw. der Bundeswehr gefunden. Im Folgenden werden die entsprechenden Abschnitte der Verteidigungspolitischen Richtlinien, der Jahresberichte des bzw. der Wehrbeauftragten, des Handbuchs Innere Führung sowie des Osnabrücker Erlasses vorgestellt.

Die Verteidigungspolitischen Richtlinien regeln die Ausrichtung und Prioritäten der Verteidigungspolitik Deutschlands. Sie sind ein strategisches Dokument, welches das Bundesministerium der Verteidigung in enger Abstimmung mit dem Bundeskanzleramt und Ministerien wie beispielsweise dem Auswärtigen Amt herausgibt. Im neuesten Papier vom November 2023 werden die Relevanz eines gemeinsamen Selbstverständnisses von Wehrhaftigkeit und die Wichtigkeit des kontinuierlichen Austausches von Bundeswehr und Gesellschaft betont. Dabei erfolgt zudem der Hinweis, dass eine „aktive, auch von der Gesellschaft getragene Veteranen- und Gefallenenkultur [...] eine stete Verpflichtung" ist.[29]

Die Jahresberichte des bzw. der Wehrbeauftragten des Deutschen Bundestages dienen der parlamentarischen Kontrolle

[28] Daxner, Michael (2016): Afghanistan hat Veteranen produziert – was nun?, in: M. Bohnert & B. Schreiber (Hrsg.): Die unsichtbaren Veteranen. Kriegsheimkehrer in der deutschen Gesellschaft. Miles: Berlin, S. 117.
[29] Bundesministerium der Verteidigung (Hrsg.): Verteidigungspolitische Richtlinien 2023. Bundesamt für Infrastruktur, Umweltschutz und Dienstleistungen der Bundeswehr: Bonn, S. 28.

der Bundeswehr und zeichnen ein umfassendes Bild von ihrem inneren Zustand. Die Anliegen von Soldatinnen und Soldaten werden zusammengefasst und Missstände in der Truppe offengelegt. Die jährlichen Wehrberichte werden zunächst im Deutschen Bundestag vorgestellt und nach einer Aussprache zur weiteren Beratung an den federführenden Verteidigungsausschuss übergeben. Eine erste Erwähnung findet der Veteranenbegriff im Jahresbericht 2011. Seinerzeit ging es vor allem um die Versorgung von ausgeschiedenen Soldatinnen und Soldaten sowie eine mögliche Orientierung am amerikanischen Modell, bei dem alle Fürsorgemaßnahmen und Versorgungsleistungen für Ehemalige zentral durch ein Ministerium für Veteranenangelegenheiten koordiniert und abgewickelt werden.[30]

Im Jahresbericht 2012 fordert der Wehrbeauftragte auf Grundlage der damals von Verteidigungsminister Thomas de Maizière angedachten Veteranendefinition den Aufbau eines Systems von Betreuungs- und Fürsorgemaßnahmen.[31] Ähnlich wird im Bericht des Jahres 2013 argumentiert.[32] Im Folgejahr wird zusätzlich eine Veteranenkonzeption angemahnt[33] und im Jahresbericht 2015 noch einmal der aktuelle Stand der Debatte um die voraussichtliche Veteranen-

---

[30] Vgl. Deutscher Bundestag (2012): Unterrichtung durch den Wehrbeauftragten. Jahresbericht 2011 (53. Bericht). Drucksache 17/8400, 24.01.2012, S. 38.

[31] Vgl. Deutscher Bundestag (2013): Unterrichtung durch den Wehrbeauftragten. Jahresbericht 2012 (54. Bericht). Drucksache 17/12050. 29.01.2013, S. 10 & S. 40.

[32] Vgl. Deutscher Bundestag (2014): Unterrichtung durch den Wehrbeauftragten. Jahresbericht 2013 (55. Bericht). Drucksache 18/300. 28.01.2014, S. 49ff.

[33] Vgl. Deutscher Bundestag (2015): Unterrichtung durch den Wehrbeauftragten. Jahresbericht 2014 (56. Bericht). Drucksache 18/3750. 27.01.2015, S. 35.

definition wiedergegeben.[34] Danach verschwindet der Begriff für zwei Jahre aus den Berichten.

Der Jahresbericht 2018 thematisiert die offizielle Definition von Ursula von der Leyen in knapper Form und fordert, den Begriff nun mit Inhalt zu füllen und Abgrenzungen vorzunehmen.[35] Im Bericht 2019 wird ähnlich argumentiert und erstmalig eine Statistik über die Beantragung von Veteranenabzeichen präsentiert.[36]

Erst in den Jahresberichten der Wehrbeauftragten ab 2020 wird dem Veteranenthema eine deutlich größere Aufmerksamkeit geschenkt. Seitdem rekurriert die Wehrbeauftragte ausführlich auf die Invictus Games, die Ausgabe von Veteranenabzeichen oder das Veteranenbüro und wirbt für Verbesserungen in der Betreuung und Fürsorge.[37]

Daneben trifft auch der »Osnabrücker Erlass« vom 30. April 2024, mit dem der Verteidigungsminister Boris Pistorius im Zuge der Zeitenwende die Spitzengliederung des Bundesministeriums der Verteidigung und die Führungsorganisation der Bundeswehr auf kriegstüchtige Streitkräfte ausrichten will, Festlegungen zu Veteraninnen und Veteranen: Zum einen wird der Stellvertreter des Generalinspekteurs der Bundeswehr zum Beauftragten für Veteranenangelegenheiten bestimmt, wobei er durch das Veteranenbüro der Bundes-

---

[34] Vgl. Deutscher Bundestag (2016): Unterrichtung durch den Wehrbeauftragten. Jahresbericht 2015 (57. Bericht). Drucksache 18/7250. 26.01.2016, S. 33.

[35] Vgl. Deutscher Bundestag (2019): Unterrichtung durch den Wehrbeauftragten. Jahresbericht 2018 (60. Bericht). Drucksache 19/7200. 29.01.2019, S. 9.

[36] Vgl. Deutscher Bundestag (2020): Unterrichtung durch den Wehrbeauftragten. Jahresbericht 2019 (61. Bericht). Drucksache 19/16500. 28.01.2020, S. 66.

[37] Vgl. u.a. Deutscher Bundestag (2024): Unterrichtung durch die Wehrbeauftragte. Jahresbericht 2023 (65. Bericht). Drucksache 20/10500. 12.03.2024, S. 103f.

wehr unterstützt werden soll. Zum anderen wird betont, dass „die gesellschaftliche Anerkennung und Würdigung der Leistungen von Veteraninnen und Veteranen und die Betreuung und Fürsorge für Veteraninnen und Veteranen durch die Bundeswehr […] gestärkt werden“ sollen.[38]

Das »Handbuch Innere Führung« erschien erstmals 1957 und wurde durch die Dienstvorschriften zur Inneren Führung von 1972, 1993 und 2008 ersetzt. Alle Schriften hatten den Anspruch, die Grundlagen, Ziele und Gestaltungsfelder der Konzeption verständlich zu vermitteln. Im neuen Handbuch Innere Führung von 2023 widmen sich die Autorinnen und Autoren erstmalig dem »Veteranenwesen« und räumen ihm in zwei Abschnitten umfangreichen Raum ein. Auch wenn das Veteranenthema in den Ursprungsdokumenten der Führungsphilosophie aus den 1950er Jahren noch keine Rolle gespielt hat, fügt es sich fließend in das Leitbild des »Staatsbürgers in Uniform«, der in der Mitte der Gesellschaft steht, ein. Die Autoren lassen sich beispielsweise zur Evolution des Veteranenbegriffes, zur Ausgestaltung der Veteranenkultur bei Bündnispartnern und zu den Möglichkeiten einer nationalen Umsetzung ein.[39]

Die vier in diesem Abschnitt aufgeführten Beispiele zeigen, dass die Veteranenthematik sich auch in offiziellen Dokumenten und Schriften zunehmend durchsetzt. Das ist erfreulich und zeigt, dass sie tatsächlich auf der politischen Ebene angelangt ist. Andererseits findet sich keine Erwähnung der

---

[38] Pistorius, Boris (2024): Osnabrücker Erlass. Bundesminister der Verteidigung: Osnabrück, 30.04.2024, S. 7. Mit der Festlegung des Stellvertretenden Generalinspekteurs als Veteranenbeauftragten im Bundesministerium der Verteidigung wird auch eine gemeinsame Forderung der Veteranenbewegung eingelöst (siehe Ausführungen zum Schulterschluss der Bewegung in Kapitel 5.4).

[39] Vgl. Janke, Reinhold (2023): Veteranenwesen, in: Zentrum Innere Führung (Hrsg.): Handbuch Innere Führung. Bundesamt für Infrastruktur, Umweltschutz und Dienstleistungen der Bundeswehr: Koblenz, S. 225.

Begriffe »Veteranin« oder »Veteran« in anderen wesentlichen sicherheits- und verteidigungspolitischen Grundlagenpapieren wie dem Weißbuch zur Sicherheitspolitik und zur Zukunft der Bundeswehr von 2016, den Richtlinien zum Traditionsverständnis und zur Traditionspflege in der Bundeswehr von 2018, der Konzeption der Bundeswehr von 2018, dem Koalitionsvertrag der Bundesregierung von 2021, der Nationalen Sicherheitsstrategie von 2023 oder dem Zwischenbericht der Enquete-Kommission »Lehren aus Afghanistan« von 2024. In Novellierungen und Neuauflagen dieser Dokumente ist eine Befassung jedoch unbedingt zu empfehlen. Dabei geht es auch nicht ausschließlich um die Anerkennung und Wertschätzung der persönlichen Leistungen von Veteraninnen und Veteranen. Die adäquate Ausgestaltung von Veteranenpolitik und Veteranenkultur kann im Rahmen der Zeitenwende einen wichtigen Beitrag zur gesamtgesellschaftlichen Wehrhaftigkeit und Resilienz leisten.

5 Veteranenbewegung in Deutschland

Inzwischen gibt es in Deutschland eine vielseitige und überaus engagierte Veteranenbewegung, die in vielen Lebensbereichen und auf unterschiedliche Art und Weise in Erscheinung tritt. Im Folgenden werden die verschiedenen Akteure und ihre wichtigsten Initiativen beschrieben. Danach wird aufgezeigt, wie sich Veteraninnen und Veteranen in Sozialen Medien präsentieren und auf welchem Weg es der Bewegung zuletzt gelungen ist, enger zusammenzurücken und sich auf ein gemeinsames Vorgehen zu verständigen.

5.1 Vereine, Organisationen, Projekte, Zusammenschlüsse

Es gibt derzeit siebenundzwanzig Vereine, Organisationen, Projekte und Zusammenschlüsse, die sich auf nationaler Ebene wahrnehmbar für die Förderung der Veteranenkultur engagieren und denen es zunehmend gelingt, die Aufmerksamkeit von Bevölkerung, Politik und Medien auf sich zu ziehen. Zu ihnen zählen:[40]

- Angehörige von traumatisierten Einsatzveteranen und Einsatzkräften e.V.,
- Angriff auf die Seele – Psychosoziale Hilfe für Angehörige der Bundeswehr e.V.,
- Bund Deutscher EinsatzVeteranen e.V.,
- BundeswehrGrün e.V.,
- Charlie Delta Uniform e.V.,
- Combat Veteran e.V.,
- Deutsche Härtefallstiftung,

[40] Abruf der regelmäßig aktualisierten Übersichtsliste unter: www.Bundeswehrverband.de/Veteranen (Reiter »Gemeinsam engagiert«) [letzter Abruf: 05.11.2024].

- Deutscher BundeswehrVerband e.V.,
- Deutscher Marinebund,
- EHRfurcht e.V.,
- Förderverein zur Unterstützung der Arbeit mit Versehrten am Standort Warendorf e.V.,
- Gesichter des Lebens,
- Green Devils Military Brotherhood,
- Green Warriors Military Brotherhood,
- Heinz-Volland-Stiftung,
- Krieg im Kopf,
- Liberale Soldaten und Veteranen e.V.,
- Oberst Schöttler Versehrten-Stiftung,
- Patenschaftsnetzwerk Ortskräfte e.V.,
- People in Uniform e.V.,
- Recondo Vets Military Motorcycle Club Germany,
- Reservistenarbeitsgemeinschaft Military Brotherhood Germany,
- Soldaten- und Veteranen-Stiftung,
- Team Respect e.V.,
- Verband der Reservisten der Deutschen Bundeswehr e.V.,
- Veteranenkultur e.V. und
- Volksbund Deutsche Kriegsgräberfürsorge e.V.

Dabei gehören der Deutsche BundeswehrVerband, der Verband der Reservisten der Bundeswehr sowie der Volksbund Deutsche Kriegsgräberfürsorge zu den mitgliederstarken und seit vielen Jahrzehnten etablierten Vereinen, die sich neben anderen Themenbereichen auch mit Veteraninnen und Veteranen befassen. Sie widmen sich in Arbeitsgruppen, Projekten oder Tagungen den besonderen Anliegen dieser Gruppe. Durch ihre gefestigten Netzwerk- und Lobbystrukturen sowie die Verfügbarkeit von finanziellen Mitteln konnten sie das Thema in den letzten Jahren flankierend vorantreiben.

Jüngere Vereine sind den Anliegen von Veteraninnen und Veteranen teils voll und ganz verschrieben. Vorreiter sind dabei Verbände wie der Bund Deutscher EinsatzVeteranen, die Recondo Vets oder die Combat Veterans. Mit ihrer mühevollen Pionierarbeit setzten sie erste Impulse zur Wiederbelebung des Veteranenbegriffs und zur Entstehung einer neuen deutschen Veteranenkultur.

Die Vielfalt der Vereine, Organisationen, Projekte und Zusammenschlüsse zeigt sich auch in ihren Schwerpunktsetzungen: In unterschiedlichen Gewichtungen sind sie zumeist den Kernthemen Kameradschaft, Hilfe bei Traumata, Sichtbarmachung von Veteraninnen und Veteranen oder der finanziellen Unterstützung verschrieben.

Die Reservistenarbeitsgemeinschaft Military Brotherhood ist eine AG des Reservistenverbandes, die Veteraninnen und Veteranen eine Plattform bietet, auf der sie sich kameradschaftlich austauschen und gegenseitig unterstützen können. Ihre Mitglieder nehmen regelmäßig an sozialen und wohltätigen Aktivitäten für Bundeswehrangehörige teil. Auch die Green Warriors folgen bei ihren Aktivitäten der Überzeugung, dass Kameradschaft und damit auch die Bereitschaft, füreinander einzustehen, nicht mit der Dienstzeit endet. Dieses Motto setzen sie durch verschiedene Projekte und Veranstaltungen in die Praxis um.

Hilfe für Soldatinnen, Soldaten und ihre Familien in besonderen Notlagen bieten die Deutsche Härtefallstiftung, die Oberst Schöttler Versehrten-Stiftung, die Heinz-Volland-Stiftung sowie die Soldaten- und Veteranen-Stiftung. Durch Einlagen in Stiftungsvermögen sind sie im Rahmen ihrer Satzungen zu unbürokratischen Unterstützungsleistungen befähigt.

Der Bund Deutscher EinsatzVeteranen hat in den vergangenen Jahren ein psycho-soziales Netzwerk für Veteranen- und Familienhilfe aufgebaut, in dem ehrenamtliche Paten die Begleitung von Veteraninnen und Veteranen übernehmen. Durch eine individuelle Betreuung und Hausbesuche leisten sie Hilfe zur Selbsthilfe und unterstützen bei der Identifikation geeigneter Hilfsmaßnahmen sowie bei der Bewältigung bürokratischer Hürden.

»Angriff auf die Seele« ist ein auf die Unterstützung von Traumatisierten und ihren Familien spezialisierter Verein. Dabei stehen Informationen und Hilfe für Bundeswehrangehörige, die im Dienst besonderen psychischen Belastungen ausgesetzt waren oder an psychischen Störungen erkrankt sind, im Mittelpunkt.

Der Verein »EHRfurcht« hat sich tiergestützten Rehabilitationsmaßnahmen verschrieben und möchte belastete Einsatzkräfte dabei unterstützen, im Alltag handlungssicherer zu werden, Kameradschaft zu erleben und Ängste abzubauen.

Spezielle Informationen und Hilfestellungen für die Angehörigen und Freunde von Traumatisierten bietet der Verein »Angehörige von traumatisierten Einsatzveteranen und Einsatzkräften«. Er bezieht auch die Angehörigen von Polizeien, Rettungsdiensten und des Technischen Hilfswerkes explizit in sein Angebot mit ein. Auch »People in Uniform« möchte die gesellschaftliche Aufmerksamkeit, den Respekt und die Anerkennung für Uniformträger aller Couleur erhöhen. Dazu zählt der Verein die Angehörigen von Feuerwehr, Bundeswehr, der Reserve und privaten Sicherheitsdiensten.

Der Verein »Veteranenkultur« trägt sein Anliegen bereits im Namen und setzt sich vor allem für die Sichtbarmachung von Veteraninnen und Veteranen in der Gesellschaft sowie die authentische Darstellung des Soldatenberufes ein. Er fördert bundesweite Ausstellungen sowie die Teilnahme an sportlichen Veranstaltungen.

Der »Förderverein zur Unterstützung der Arbeit mit Versehrten am Standort Warendorf« unterstützt die Arbeit mit Versehrten am Zentrum für Sportmedizin an der Sportschule der Bundeswehr in Warendorf. Er hilft beispielsweise bei der Beschaffung behindertengerechter Sportgeräte, bei der Teilnahme an nationalen und internationalen Sportwettkämpfen sowie bei internationalen Austauschprogrammen für Versehrte. Der Förderverein kooperiert eng mit dem Verein »Team Respect«, der nach den Invictus Games 2023 gegründet wurde und die Werte der Spiele weitertragen möchte. Sein Hauptziel ist es, den gesellschaftlichen Dialog über die Rolle von Soldaten, Veteranen und Angehörigen der Blaulichtorganisationen zu fördern und ihre Geschichten in die Öffentlichkeit zu tragen. Zudem soll das Bewusstsein für die Bedeutung von Rehabilitation und Inklusion in der Gesellschaft gestärkt werden.

Der Deutsche Marinebund trägt den Besonderheiten der maritimen Veteranenkultur und des Brauchtums seegehender Einheiten Rechnung, während sich das »Patenschaftsnetzwerk Ortskräfte« für die Rechte und den Schutz der lokalen Unterstützerinnen und Unterstützer deutscher Institutionen, Behörden und Unternehmen im Ausland einsetzt. Dazu zählen auch diejenigen, die der Bundeswehr zum Beispiel als Dolmetscher in Einsätzen wie in Afghanistan oder Mali zur Seite standen.

Parteinah haben sich sowohl die »Liberalen Soldaten und Veteranen« (FDP), »BundeswehrGrün« (Bündnis 90/Die Grünen) sowie »Charlie Delta Uniform« (CDU/CSU) gegründet. Sie alle haben sich dem verstärkten Austausch von Bundeswehr und Gesellschaft verschrieben.

Weitere Initiativen reichen bis in den künstlerischen Bereich hinein: Zum einen haben sich in Deutschland einige Musiker hervorgetan, deren Identität in der Veteranenbewegung fußt und die die Anliegen und Narrative von Veteraninnen und Veteranen in ihre Songs aufnehmen. Ihre Stile sind dabei durchaus unterschiedlich. Als Beispiele lassen sich der Country-Musiker Jesse Cole oder die Deutschrap-Artists Pase, Wostok sowie Mazibora und dessen Projekt »Krieg im Kopf« nennen.[41] Das Theaterstück »Kampfeinsatz« des Künstlerkollektivs Axensprung thematisiert die Folgen von Auslandseinsätzen für Soldatinnen und Soldaten. Des Weiteren gibt es mit »Gesichter des Lebens« ein Fotoprojekt, das Veteraninnen und Veteranen durch Ausstellungen, Bildbände, Social Media-Kampagnen, Podcast-Interviews und Podiumsdiskussionen öffentliche Sichtbarkeit verschafft.

All diese Vereine, Organisationen, Projekte und Zusammenschlüsse fördern die deutsche Veteranenkultur aus unterschiedlichen Perspektiven, mit variierenden Schwerpunkten und auf verschiedenen Ebenen. Diese Vielzahl von Ansätzen bietet einen hohen Mehrwert für Betroffene und tut ihrer Wahrnehmung gut, auch wenn die daraus erwachsende Komplexität zu Konfusionen führen kann.

An den politischen Rändern der Bewegung gab es zwischenzeitlich auch missbräuchliche Begriffsnutzungen. Unerfreuliche Beispiele hierfür waren Akteure wie der »Veteranenpool«, dessen Mitglieder nach eigenen Angaben das Volk bei Demonstrationen der sogenannten Querdenker als Puffer vor der Polizei sichern wollten, oder »Veteranen 5 nach 12«, die ihrer Aussage nach zur Rettung von Menschenleben vor Impfungen gegen das Corona-Virus schützen wollten. Auftritte und Aktionen beider Zusammenschlüsse lagen augenscheinlich jenseits der demokratischen und verfassungs-

---

[41] Vgl. Egleder, Julia & Bohnert, Marcel (2023): Deutschlands Veteranen. (Über-)Leben nach dem Einsatz. Mittler: Hamburg, S. 274ff.

mäßigen Grenzen unseres Staates.[42] Mittlerweile wurde bekannt, dass hinter beiden Auftritten eine mutmaßlich rechtsterroristische Gruppe der Reichsbürger- bzw. Querdenkerbewegung namens »Vereinte Patrioten« stand. Inzwischen erfolgten mehrere Festnahmen; die Protagonisten der Gruppe stehen vor Gericht.[43]

Diese Anomalien der Bewegung schädigen die Reputation von Veteraninnen und Veteranen und zeigen, dass einer angemessenen Veteranenpolitik nicht nur die Aufgabe zukommt, die Veteranenkultur in ihrer Vielfalt zu fördern, sondern auch klare Grenzen für radikale oder extremistische Positionen aufzuzeigen.

5.2 Aktionen, Events

Aus dem Kreis der Verbände, Organisationen, Projekte und Zusammenschlüsse sowie einiger zusätzlicher Unterstützerinnen und Unterstützer wurden in den letzten zwei Jahrzehnten eine ganze Reihe von Veranstaltungen und Aktionen initiiert, um auf das Veteranenthema aufmerksam zu

---

42 Im Gegenzug schlossen sich zahlreiche Vereine, Organisationen, Projekte und Zusammenschlüsse der Veteranenbewegung der Online-Initiative #WirGegenExtremismus an, die sich für Vielfalt, Toleranz und Demokratie in den Streitkräften stark macht: www.WirGegenExtremismus.de [letzter Abruf: 05.11.2024].

43 Vgl. u.a. Fröhlich, Alexander & Geiler, Julius (2021): Veteranen machen für Querdenker mobil. AfD-Landtagsabgeordneter will „Kesselschlacht" in Berlin. 29.04.2021, Tagesspiegel.de; Wienand, Lars (2021): Ex-Soldaten an der Ahr. Der Rauswurf der unerwünschten Fluthelfer. 03.08.2021, T-Online.de; Deutscher Bundestag (2022): Unterrichtung durch die Wehrbeauftragte. Jahresbericht 2021 (63. Bericht). Drucksache 20/900. 15.03.2022, S. 23; Wienand, Lars (2023): Prominente „Reichsbürger". „Die wollten zehn Mann, die kampffähig sind". T-Online.de, 16.06.2023; Die Webseiten des »Veteranenpools« (www.veteranen-pool.net) sowie der »Veteranen 5 nach 12« (www.veteranen-info-aufklaerung.org) wurden inzwischen abgeschaltet [letzter Abrufversuch: 05.11.2024].

machen. Einige davon finden inzwischen turnusmäßig und mit steigendem öffentlichen Interesse statt.

Zu den populärsten Formaten gehören Marschveranstaltungen wie die »K3-Märsche«, der »Marsch zum Gedenken« oder der »Marsch der Wertschätzung«: Der »K3-Marsch« fand erstmalig 2020, zum zehnten Jahrestag des sogenannten Karfreitagsgefechtes statt. Das Karfreitagsgefecht war das bislang schwerste Gefecht deutscher Soldatinnen und Soldaten seit Bestehen der Bundeswehr. Während der neunstündigen Kämpfe in der nordafghanischen Kunduz-Provinz verloren drei deutsche Soldaten ihr Leben. Acht wurden teils schwer verwundet. Das Gefecht war eine Zäsur in der öffentlichen Wahrnehmung des Afghanistan-Einsatzes der Bundeswehr.[44] In Erinnerung an diese Geschehnisse marschierten die Teilnehmenden des 10k3 eine Strecke von 10 Kilometern mit 10 Kilogramm Gepäck. Im Jahr 2021 fand der 11k3, im Jahr 2022 der 12k3 und im Jahr 2023 der 13k3 statt. Beim 14k3 marschierten 2024 bereits über 16.000 Teilnehmerinnen und Teilnehmer 14 Kilometer mit 14 Kilogramm Gepäck in Gedenken an den »Schwarzen Karfreitag« 2010.

Das Hashtag[45] #14k3 verbreitete sich im Durchführungszeitraum des Marsches rasant auf Social Media-Plattformen wie Instagram, Facebook, LinkedIn und X. Als Spenden-

---

[44] Vgl. Gregis, Wolf: Das Karfreitagsgefecht. Deutsche Soldaten im Feuer der Taliban. Econ: Berlin 2025 (im Erscheinen).

[45] Unter Hashtags sind mit einem Doppelkreuz (Raute) versehene Schlagworte zu verstehen, die in Sozialen Netzwerken genutzt werden, um Nutzerinnen und Nutzern die Suche nach Beiträgen zu spezifischen Themen zu erleichtern. Durch den Klick auf ein Hashtag werden alle mit dem jeweiligen Schlagwort versehenen Beiträge auf der entsprechenden Social Media-Plattform angezeigt. Nutzerinnen und Nutzer fügen Hashtags in Kommentare und Textzeilen ihrer Postings ein, um Inhalte thematisch zuzuordnen, größere Reichweiten zu generieren und sich miteinander zu vernetzen.

marsch steht er auch in den kommenden Jahren allen militärischen und zivilen Interessierten offen.

Teilnehmerinnen und Teilnehmer des 14k3-Gedenkmarsches am Karfreitag 2024. Deutschlandweit marschierten über 16.000 Menschen in Erinnerung an die Gefallenen und Verwundeten des Karfreitagsgefechtes in Afghanistan (Foto: David Young).

Der zu Beginn des Buches beschriebene »Marsch zum Gedenken« fand erstmalig 2018 statt. Seither marschieren jedes Jahr knapp 150 uniformierte Soldatinnen und Soldaten vier Tage lang in einer militärischen Formation von Brandenburg nach Berlin und erinnern dabei an alle im Auslandseinsatz gefallenen und im Dienst verstorbenen Bundeswehrangehörigen. 2024 waren es 117 Kilometer für 117 in Auslandseinsätzen Gefallene und weitere 3.400 Meter für mehr als 3.400 in Ausübung ihres Dienstes Verstorbene. Das Außergewöhnliche am »Marsch zum Gedenken« ist der finale Streckenabschnitt durch das Zentrum Berlins, der jedes Jahr für öffentliche Aufmerksamkeit und neugierige Blicke sorgt. Zur

Tradition des Marsches gehören auch ein Gedenken im Wald der Erinnerung in Potsdam-Schwielowsee und das Zusammentreffen mit Hinterbliebenen.

Der seit 2021 stattfindende »Marsch der Wertschätzung« ist allen Einsatzkräften gewidmet. Er stellt neben Angehörigen der Bundeswehr auch andere Blaulichtorganisationen wie Feuerwehren, Rettungskräfte, Polizeien oder den Katastrophenschutz in den Mittelpunkt. Der Marsch steht allen Interessierten offen und findet mehrfach im Jahr statt – virtuell oder mit Standortmärschen in vielen Regionen der Republik. Spenden aus dem Projekt werden für die Durchführung und den Aufbau eines langfristigen Angebotes für Einsatzkräfte mit Traumafolgen sowie deren Angehörige eingesetzt.

Auch andere Initiativen setzen auf körperliche Betätigungen und sportliche Leistungen: Das »Good Friday Battle«-Hero Workout ist ein Crossfit-Event zum Gedenken an die während des Karfreitagsgefechtes gefallenen und verwundeten Soldaten. Zu Beginn des Trainings wird mit 2 Burpees, 4 Push Ups und 10 Lunges symbolisch an das Datum 02.04.2010 angeknüpft.

Beim Major-Tholi-Wettkampf an der Offizierschule des Heeres werden von Offizieranwärterinnen und -anwärtern in Erinnerung an den in Afghanistan gefallenen Thomas Tholi militärische Fähigkeiten, eine hohe Fitness und Teamgeist gefordert. Das einarmige Fitness-Workout »The Focken« erinnert an den deutschen Afghanistanveteranen Tim Focken, dessen Arm seit einem Schulterdurchschuss in Kunduz gelähmt ist.

An der Helmut-Schmidt-Universität/Universität der Bundeswehr Hamburg findet seit 2012 jedes Jahr im Juni der Solidaritätslauf zum Gedenken an das Karfreitagsgefecht statt. Die durch den Lauf generierten Spendeneinnahmen werden an soziale und wohltätige Projekte wie die Soldaten- und

Veteranen-Stiftung oder das Bundeswehrsozialwerk übergeben. In ähnlicher Weise initiiert das »Laufteam Bundeswehr und Reservisten« mehrmals im Jahr bundesweite Spendenläufe für den guten Zweck. Ziel des Laufteams ist die Überwindung von Grenzen zwischen aktiven und ehemaligen Soldatinnen und Soldaten sowie Zivilistinnen und Zivilisten.

Es gibt darüber hinaus auch Kooperationen mit bekannten Sportvereinen, die sich zeitweise des Veteranenthemas annehmen: So führen die Eispiraten Crimmitschau, ein sächsischer Eishockeyverein, regelmäßig Veteranentage durch und versteigern Veteranen-Trikots für den guten Zweck. Der Berliner Fußballverein Hertha BSC hat 2023 einen Spieltag »Bundeswehr und Gesellschaft« unter dem Motto »Unsere Veteranen« ausgerichtet und dazu Einsatzversehrte und Hinterbliebene eingeladen. Auf den Videoleinwänden des Olympiastadions wurden dabei Grußbotschaften aus den Auslandseinsätzen der Bundeswehr gezeigt.

Der Deutsche BundeswehrVerband, sein Bildungswerk und die Oase-Einsatzbetreuung geben Bundespolitikerinnen und -politikern mit der »Aktion Gelbe Bänder« im November jedes Jahres die Gelegenheit, den Bundeswehrangehörigen, die die Weihnachtsfeiertage samt Jahreswechsel fernab ihrer Liebsten in Auslandsmissionen verbringen, freundliche Worte der Anerkennung und Wertschätzung auf »Gelben Bändern der Solidarität« zu übermitteln. Nach Abschluss der Unterschriftenaktion im Deutschen Bundestag werden die Bänder zur Weihnachtszeit in Einsatzgebiete der Bundeswehr überbracht bzw. versandt.

Mit dem »Ehrenmal der Bundeswehr« an der Rückseite des Berliner Bendlerblocks und dem »Wald der Erinnerung« im Einsatzführungskommando der Bundeswehr in Potsdam-Schwielowsee gibt es seit 2009 bzw. 2014 zwei würdige offizielle Orte des Gedenkens, die jedoch öffentlich noch wenig bekannt und nicht ohne Weiteres zugänglich sind. Es gibt daher weitere Initiativen, welche die Erinnerung an Gefallene und Auslandseinsätze in das kollektive Bewusstsein rücken wollen: Im mecklenburgischen Löcknitz wurde durch das Engagement der Green Warriors ein Denkmal für im Einsatz ums Leben gekommene Bundeswehrsoldaten auf einem Friedhof geschaffen und 2020 an die Gemeinde übergeben. Im selben Jahr wurde ein öffentlicher Platz in Bielefeld nach dem während des Karfreitagsgefechtes gefallenen Martin Augustyniak benannt. Seine Mutter hatte sich mit der Unterstützung von Kameradinnen und Kameraden für einen Erinnerungsort in seiner Heimatstadt stark gemacht und dabei einige Widerstände überwinden müssen.[46]

Auch in der Bundeswehr sind inzwischen Kasernen nach gefallenen Soldaten benannt worden: Die Hauptfeldwebel-Lagenstein-Kaserne in Hannover ist 2018 nach Tobias Lagenstein sowie die Major-Radloff-Kaserne in Weiden 2022 nach Jörn Radloff benannt worden. Auch im kleineren Rahmen wird an gefallene und getötete Kameraden erinnert: So ist ein Platz im Technischen Bereich der Hunsrück-Kaserne im rheinland-pfälzischen Kastellaun nach dem gefallenen Major Thomas Tholi benannt. In der Berliner Julius-Leber-Kaserne findet sich vor dem Stabsgebäude ein Hauptmann-Matthes-Weg, der an den durch eine Sprengfalle getöteten Markus Matthes erinnert.

Vor dem Verteidigungsausschuss des Deutschen Bundestages gibt es seit 2020 zudem eine digitale Gedenkstele in Erinnerung an die in Auslandseinsätzen gefallenen und verstorbenen Bundeswehrangehörigen. Dabei handelt es sich um einen schwarzen Block aus Eisenwänden, an dessen bedienbarem Monitor sich Namen, Dienstgrade, Geburts- und

---

[46] Die lokale Politik hatte sich zuletzt gegen das Vorhaben gestellt und damit bundesweit für Aufsehen und Empörung gesorgt: Vgl. u.a. Vieth, Amina (2020): Gefallen in Afghanistan: Martin Augustyniak erhält doch Gedenkplatz in Bielefeld. Bundeswehrverband.de, 26.08.2020.

Sterbedaten sowie der jeweilige Einsatz abrufen lassen. Es soll den Parlamentarierinnen und Parlamentariern die Verantwortung für ihre bundeswehrbezogenen Entscheidungen vor Augen führen.

Gleichermaßen können zeitgeschichtliche Ausstellungen die Erinnerung wachhalten und aufklären: Das Militärhistorische Museum der Bundeswehr in Dresden präsentiert in seiner Ende 2022 eröffneten Sonderausstellung mit dem Titel »Die Bundeswehr in der Ära Merkel – Krieg und Frieden 2005-2021« zahlreiche Exponate aus den Auslandseinsätzen der Bundeswehr.

Auch der Rockerszene nahestehende Veteraninnen und Veteranen führen eigene Gedenkveranstaltungen durch: Der Memorial Run Berlin der Recondo Vets ist eine Motorradgedenkfahrt in Erinnerung an gefallene Kameradinnen und Kameraden der Bundeswehr und von NATO-Bündnispartnern, die verschiedene Generationen von Veteranen miteinander verbinden soll. Sie fand 2024 bereits im 14. Jahr statt und ist damit eine der ältesten Traditionen der neuen deutschen Veteranenbewegung, die einer breiten Öffentlichkeit bekannt ist. Zur Abschlussveranstaltung standen über 300 Motorräder am »Ehrenmal der Bundeswehr« des Bundesministeriums der Verteidigung. Die Green Devils haben 2024 ihren 5. Missing Man Run veranstaltet, eine jährliche Sternfahrt zum Wald der Erinnerung in Potsdam-Schwielowsee. Die internationalen Teilnehmenden fahren mit Motorrädern, Trikes und Quads in den Gedenkwald ein und nehmen dort an einer Zeremonie teil, bei der länderübergreifend den gefallenen und vermissten Soldatinnen und Soldaten gedacht wird. 2024 wurde dabei ein Baum gepflanzt – in der Hoffnung, dass er niemals benötigt werden wird, um die Namen von Gefallenen zu tragen.

Ebenfalls im Wald der Erinnerung richtet der Bund Deutscher EinsatzVeteranen seit 2015 einen informellen »Tag der

Einsatzveteranen der Bundeswehr« aus. Dabei handelt es sich um eine verbandliche Initiative, die von einem staatlich initiierten und getragenen Veteranentag zu unterscheiden ist. Inzwischen hat der Verein den Tag zu einem Wochenende mit vielfältigen Veranstaltungen und Aktionen ausgeweitet.

Durch verschiedene Vereine und Zusammenschlüsse wie die Recondo Vets, die Ritzelcowboys Germany oder die Combat Veterans werden seit 2019 zudem lockere Zusammenkünfte und Austausche im Rahmen von #Breakfast4Veterans- oder #Coffee4Vets-Events gepflegt. Auch lokale Familien- und Veteranenfeste mit Hüpfburgen und zünftigem Grillgut finden regelmäßig statt.

Als wichtige Initiative, die aus der Online-Community der Veteraninnen und Veteranen erwachsen ist, lässt sich die Gedenkkampagne #DerLeereStuhl nennen. Ende 2017 wurde unter dem Hashtag erstmals ein öffentlicher Aufruf gestartet: Familien sollten an ihren Festtafeln zu Weihnachten einen symbolischen Platz in Gedenken an Gefallene, Verwundete und Traumatisierte eindecken. Dabei konnten eine weiße Decke (symbolisch für die reinen Absichten der Soldatinnen und Soldaten im Einsatz), eine rote Rose (symbolisch für die Liebe von Familie, Freunden und Verwandten), eine Zitrone (symbolisch für die Bitterkeit des Verlustes von Kameradinnen und Kameraden), ein Vergissmeinnicht (symbolisch für das Toten- und Gefallenengedenken), Salz (symbolisch für die Tränen der Angehörigen) und ein umgedrehtes Glas (symbolisch für die Abwesenheit) genutzt werden. Die Idee geht auf die amerikanische Tradition des »Missing Man Chairs/Missing Man Tables« zurück. Mit einem separaten Tisch – zum Beispiel in Speisesälen oder bei feierlichen Veranstaltungen – gedenken Soldatinnen und Soldaten in den Vereinigten Staaten und anderen Ländern ihrer gefallenen, verwundeten und vermissten Kameradinnen und Kameraden. Die Kampagne wird inzwischen auch in Deutschland jedes Jahr zur Weihnachtszeit mit zunehmender Resonanz wiederholt.

Mit der Guerilla-Plakataktion »20 Jahre Afghanistan – 20 Jahre Desinteresse« machten Veteraninnen und Veteranen zum Volkstrauertag 2022 auf die mangelnde Wahrnehmung des Afghanistan-Einsatzes der Bundeswehr und seiner Folgen aufmerksam. An sieben Berliner S- und U-Bahnhöfen ließen sie große Plakate aufhängen, die die Bevölkerung mit provokanten Sprüchen aufrütteln sollte: Dazu gehörten Slogans wie „*Lena landet in Hannover. Auf sie wartet der Ministerpräsident. Die letzten Soldaten aus Afghanistan landen 20 km westlich. Auf sie wartet der Zoll.*“ in Anspielung auf den Empfang der Sängerin Lena Meyer-Landruth nach ihrem Sieg beim Eurovision Song Contest 2010 durch den niedersächsischen Ministerpräsidenten im Vergleich zur einsamen Rückkehr der letzten deutschen Einsatzsoldatinnen und -soldaten aus Afghanistan. Ein weiterer Slogan war: „*Als Mario ein Tor trifft, weint Deutschland. Als Sergej tödlich getroffen wird, ist es ein Mittwoch.*“. Dieser bezieht sich auf das bejubelte Tor des Fußballers Mario Götze zum deutschen Weltmeistertitel 2014 und das mangelnde Interesse am Tod von Sergej Motz im nordafghanischen Kunduz. Sergej Motz war der erste deutsche Soldat, der seit Bestehen der Bundesrepublik in einem Feuergefecht getötet wurde.

Ein Online-Aufruf zum »Crowdfunding« der Aktion hatte die Finanzierung des Plakatdrucks und die Anmietung der Werbeflächen ermöglicht. Unter dem Hashtag #20Jahre-Desinteresse verbreiteten sich Fotos der Aktion in den Sozialen Medien. Der Rapper Mazibora veröffentlichte einen gleichnamigen Song. Nach Angabe der Initiatoren sind Fortsetzungen in ähnlichen Formaten geplant.

Alle hier exemplarisch aufgeführten Aktivitäten gehen zu großen Teilen auf private Ideen und Impulse zurück. Sie wurden weder politisch initiiert, noch werden sie bislang nennenswert unterstützt, koordiniert oder gefördert. Mit einigen Ausnahmen in der Gedenk- und Trauerkultur hält sich auch das Bundesministerium der Verteidigung im Wirkungsfeld der »Anerkennung und Wertschätzung« von Veteraninnen und Veteranen sichtlich zurück. Viele der beschriebenen Maßnahmen haben erkennbares Potenzial, sich weiterhin als fester Bestandteil der deutschen Veteranenkultur zu etablieren und im besten Fall als offizieller Teil der Bundeswehrtradition anerkannt zu werden.

Vertreter der deutschen Veteranenbewegung vor einem Plakat der Guerilla-Initiative #20JahreDesinteresse an der Friedrichstraße in Berlin. An sieben Bahnhöfen der Hauptstadt waren im November 2022 eigenfinanzierte Großplakate mit markigen Sprüchen zum Afghanistan-Einsatz zu sehen (Foto: Lena Pütz).

5.3 Social Media

Die Bedeutung von Social Media ist in den vergangenen Jahren enorm gewachsen. Inzwischen sind auch eine Vielzahl von Veteraninnen und Veteranen auf Plattformen wie Instagram, TikTok, YouTube oder LinkedIn aktiv. Als Teil der soldatischen Online-Community, die vorrangig unter den

Hashtags #Bundeswehr und #SocialMediaDivision agiert, finden sich eine Reihe von Privat-Accounts mit unterschiedlichen Reichweiten, die regelmäßig auf das Veteranenthema rekurrieren. Zu ihnen zählen zum Beispiel bei Instagram[47] @wolf_gregis, @andrehassankhan, @scarface.meik, @steffischenke, @dieanne85, @roterteufel_3754 oder @timfocken. Sie posten und diskutieren in der gesamten Spannbreite über sie bewegende und belastende Themen. Darüber hinaus sind Vereine, Organisationen, Projekte und Zusammenschlüsse, die sich diesem oder verwandten Themen verschrieben haben, ebenfalls online aktiv. Beispiele bei Instagram sind etwa @deutscher_bundeswehrverband, @volksbund, @veteranenkultur, @gesicher.des.lebens, @diereserve, @marsch_zum_gedenken, @veteranenverband oder @combatveterangermany.

Die Zahl der Follower variiert teilweise stark, jedoch sollte dabei der Wirkradius kleinerer Accounts nicht unterschätzt werden: Nicht nur, dass viele Veteraninnen und Veteranen über Präsenzen auf mehreren Social Media-Plattformen verfügen und dort jeweils andere Nutzergruppen erreichen; sie steigern durch eine zunehmende Kooperation innerhalb der Gemeinschaft auch ihre Reichweiten. So sind aus den »Tagungen mit Einsatzveteranen und Verwundeten« des Deutschen BundeswehrVerbandes mehrere online abrufbare »Veteranen-Statement-Serien« hervorgegangen, in denen Einsatzveteraninnen und -veteranen ihre Forderungen für eine gute Veteranenpolitik formulieren.

---

[47] Stand: 05.11.2024; Instagram ist inzwischen zur am meisten genutzten Social Media-Plattform in Deutschland avanciert. Knapp ein Drittel der deutschen Bevölkerung nutzt Instagram täglich (Vgl. Koch, Wolfgang (2023): Ergebnisse der ARD/ZDF-Onlinestudie 2023. Soziale Medien werden 30 Minuten am Tag genutzt – Instagram ist die Plattform Nummer eins. Media Perspektiven, 6, S. 1ff.); Zum Status quo von Social Media in der Bundeswehr: Vgl. Hildebrand, Lukas (2024): Bundeswehr-Influencer. Der TikTok-Kommandant. Spiegel.de, 18.10.2024.

Es gibt zudem bei allen gängigen Audio-Providern verfügbare Veteranen-Podcasts wie »Helm ab/It's up to us«, »Veteranenkultur« oder »Einsatz für die Seele« und das regelmäßige Live-Format »Veteranentalk« auf dem Video-Streaming Portal Twitch. Weitere bundeswehrnahe Podcasts widmen sich anteilig Veteranenthemen. Zu ihnen zählen etwa »Bord-Funk«, »Lagebild« oder »Die Lage«.

In der Online-Community der deutschen Veteranenbewegung wird darüber hinaus an der Etablierung fester gemeinsamer Hashtags gearbeitet, zu denen #DieUnsichtbarenVeteranen, #Veteranentag, #Veteranenkultur und #Veteranenpolitik zählen. Die Nutzung der Hashtags erhöht die Aufmerksamkeit für die Anliegen der Bewegung und verlängert die Botschaften in die Diskursräume Sozialer Medien. Damit bahnt sich das Veteranenthema auch weiterhin seinen Weg in die Nischen des Internets und die gesellschaftliche Breite.

5.4 Schulterschluss

Alle Verbände, Organisationen, Projekte und Zusammenschlüsse der Veteranenbewegung haben in den letzten Jahren gemäß ihren unterschiedlichen Agenden spezifische Anliegen formuliert und nach außen getragen. Kooperationen und gemeinsame Veranstaltungen ergaben sich dabei eher zufällig oder durch persönliche Bekanntschaften. Das hatte auch zur Folge, dass die Bewegung zuweilen als vielstimmig und inkonsistent wahrgenommen wurde und unzählige Forderungen ergebnislos verhallten.

Anfang 2022 trafen sich erstmals Vertreterinnen und Vertreter der Veteranenbewegung auf Initiative des Deutschen BundeswehrVerbandes, um das neu entstandene gesamtgesellschaftliche Momentum zu nutzen und über einen abgestimmten Forderungskatalog zu beraten. Nach intensiven

Verhandlungen konnten die gemeinsamen Anliegen bereits Ende 2022 auf dem sogenannten »Veteranenflyer« zusammengefasst und im Bundesministerium der Verteidigung vorgestellt werden.[48] Zu den auf dem Flyer aufgeführten Forderungen zählen:

- Prominente Schirmherrschaft,
- Veteranendatenbank,
- Bestpreis Veteranenarbeit,
- Veteranentag,
- Veteranenbeauftragter im Verteidigungsministerium,
- Verwundetenabzeichen,
- Bürokratieabbau,
- öffentlichkeitswirksame Veranstaltungen,
- Stipendien/Forschungsaufträge,
- Gedenk-/Erinnerungskultur,
- Begegnungs-/Informationsstätten,
- Förderung öffentlicher Debatte,
- definitorische Ergänzung und
- Botschafter Veteranen.

Diese vierzehn Forderungen wurden bewusst allgemein gehalten und schlagwortartig formuliert, so dass sie von allen unterstützenden Verbänden, Organisationen, Projekten und Zusammenschlüssen mitgetragen werden konnten. Sie sind weitgehend selbsterklärend und fokussieren vorrangig auf das Wirkungsfeld »Anerkennung und Wertschätzung«, das

[48] Vgl. Gersemann, Katja (2022): Neuer Veteranenflyer im Ministerium vorgestellt. Bundeswehrverband.de, 21.12.2022. Der gemeinsame Forderungskatalog der wichtigsten Verbände, Organisationen, Projekte und Zusammenschlüsse der deutschen Veteranenbewegung (»Veteranenflyer«) kann aktuell abgerufen werden unter: www.BundeswehrVerband.de/Veteranen [letzter Abruf: 05.11.2024].

als grundlegende Voraussetzung für weitere Verbesserungen im Bereich der »Betreuung und Fürsorge« betrachtet wird.[49]

Zur konkreten Ausgestaltung und Umsetzung der einzelnen Positionen gab und gibt es teils noch unterschiedliche Vorstellungen, die zwischen allen Akteuren weiterhin besprochen, verhandelt und entwickelt werden. Durch die weitere Vernetzung und den Austausch untereinander vergrößert sich dabei zeitgleich der Wirkungsradius der Bewegung.

Der Kreis der offiziellen Unterstützerinnen und Unterstützer des »Veteranenflyers« wird zudem kontinuierlich erweitert. Aufnahmekriterien sind dabei die allgemeine inhaltliche Ausrichtung, das wahrnehmbare Engagement für Veteraninnen und Veteranen auf nationaler Ebene sowie die obligatorische Prüfung von Satzungen und Leitbildern auf ein Bekenntnis zur freiheitlichen demokratischen Grundordnung bzw. eine Extremismusklausel. Damit lässt sich im Übrigen auch besorgten Fragen zur demokratischen Legitimation von Veteranenaktionen und etwaiger Kritik am teils martialischen Auftreten von Teilen der Bewegung entgegnen: Das politische Desinteresse der vergangenen Jahre und die damit verbundene Regelungslosigkeit ließen eine bunte Bewegung entstehen, deren Vielfalt sich insbesondere bei den der Rockerszene nahestehenden Gruppierungen und einigen Musikern auch in einem resoluten Auftreten und einer entsprechenden Symbolik ausdrückt. Dabei handelt es sich allerdings um geschmackliche Fragen, die sehr klar von radikalen oder gar extremistischen Tendenzen abzugrenzen sind.

Ende Februar 2024 haben sich alle Akteure der Veteranenbewegung zum ersten nationalen Veteranenkongress in Berlin zusammengefunden. Am ersten Tag wurden Impuls-

---

[49] Zur Bedeutung von wertschätzenden gesellschaftlichen Aufnahmeritualen für die mentale Gesundheit heimkehrender Soldatinnen und Soldaten: Vgl. u.a. Junger, Sebastian (2016): Tribe. On Homecoming and Belonging. 4th Estate: London.

vorträge gehalten, das weitere gemeinsame Vorgehen in Workshops abgestimmt und kritisch diskutiert. Am zweiten Tag sind die gemeinsamen Forderungen und Vorschläge zur Umsetzung zahlreichen Vertreterinnen und Vertretern aus Politik, Medien und dem Bundesministerium der Verteidigung präsentiert worden. Als Schirmfrau des Kongresses war die Bundestagspräsidentin Bärbel Bas anwesend.

Wie im nachfolgenden Buchabschnitt aufgezeigt wird, gelten inzwischen bereits viele Forderungen des »Veteranenflyers« als erfüllt oder anteilig erfüllt. Das kann als großer Erfolg des gemeinsamen Vorgehens der Veteranenbewegung betrachtet werden. Gelingt es ihr auch weiterhin, Differenzen im Sinne gemeinsamer Ziele zu überwinden und ihre Anliegen geschlossen mit Nachdruck nach außen zu tragen, kann ein nachhaltiger Umbruch in der Wahrnehmung und Wertschätzung von Veteraninnen und Veteranen gelingen.

Auf dem ersten nationalen Veteranenkongress vom 21. bis 22. Februar 2024 in Berlin wurde die neue Geschlossenheit der Veteranenbewegung verstetigt und sichtbar nach außen demonstriert. Vorn in der Mitte sieht man die Schirmfrau des Kongresses, Bundestagspräsidentin Bärbel Bas (Foto: Sarina Flachsmeier/Deutscher BundeswehrVerband).

Der 2022 initiierte »Veteranenflyer« fasst die wichtigsten Akteure der deutschen Veteranenbewegung und ihre Forderungen im Wirkungsfeld »Anerkennung und Wertschätzung« zusammen. Inzwischen wurde der Kreis der Unterstützerinnen und Unterstützer erweitert und es gelten mehrere Forderungen als erfüllt oder anteilig erfüllt (Design: Sascha Eutebach/Deutscher BundeswehrVerband).

6 Nationaler Veteranentag

Ende April 2024 wurde eines der wichtigsten gemeinsamen Anliegen der deutschen Veteranenbewegung, die Einführung eines jährlich wiederkehrenden Veteranentages, vom Deutschen Bundestag beschlossen. Nachfolgend wird zunächst der Weg zum Parlamentsbeschluss aufgezeigt. Danach richtet sich der Blick auf die Ausgestaltung von Veteranentagen in anderen Ländern und es werden vielfältige Ideen zur Umsetzung in Deutschland präsentiert.

6.1 Parlamentsbeschluss

Eines der wichtigsten gemeinsamen Anliegen der Veteranenbewegung war die auf dem »Veteranenflyer« aufgeführte Einführung eines jährlich wiederkehrenden Veteranentages. Ein solcher Tag gehört bereits in vielen Ländern zur gesellschaftlichen Kultur und führt dort Veteraninnen und Veteranen näher mit der Bevölkerung zusammen. Das Ziel eines nationalen Veteranentages in Deutschland schien zu Beginn des Zusammenwirkens noch in weiter Ferne zu liegen. Jedoch wurde das Thema im gemeinschaftlichen Wissen um die gesellschafts- und sicherheitspolitische Rahmenlage sowie die während der Invictus Games zu erwartende Aufmerksamkeit seit 2022 auf vielen Ebenen massiv vorangetrieben.[50]

---

[50] Vgl. u.a. Mössbauer, Carina (2023): Mehr Anerkennung für die Bundeswehr. Soldaten fordern Veteranentag! Bild.de, 07.08.2023; Bohnert, Marcel (2023): Es ist Zeit für einen Veteranentag! bundeswehr-journal.de, 06.09.2023; Krämer, Eva (2023): Veteranen sollen aufstehen – Afghanistan-Veteran veröffentlicht neuen Song. Bundeswehrverband.de, 03.11.2023; Gersemann, Katja (2023): Der DBwV macht sich weiter für eine echte Veteranenkultur stark. Die Bundeswehr, 2, S. 40; Bohnert, Marcel (2023): Ein Marsch, der ins Bewusstsein dringt. Die Bundeswehr, 8, S. 3; Strauß, Hagen (2023): Bundeswehrverband fordert Veteranentag

Im Jahre 2023 griff eine Gruppe von Bundestagsabgeordneten die Forderung des Veteranentages auf. Unter Federführung von Johannes Arlt (SPD), Kerstin Vieregge (CDU/CSU), Merle Spellerberg (Bündnis 90/Die Grünen) und Christian Sauter (FDP) wurde ein fraktionsübergreifender Antrag mit dem Titel »Für eine umfassende Wertschätzung – Einen nationalen Veteranentag einführen und die Versorgung von Veteranen und deren Familien verbessern« erarbeitet.[51] Flankierend äußersten sich sowohl Bundeskanzler Olaf Scholz als auch die Wehrbeauftragte Eva Högl und der Verteidigungsminister Boris Pistorius unterstützend zur Idee.[52]

Am 25. April 2024 durften knapp 25 Repräsentantinnen und Repräsentanten der deutschen Veteranenbewegung auf der Ehrentribüne des Deutschen Bundestages das erleben, wofür sie seit vielen Jahren gekämpft hatten: Nach zähem Ringen um Inhalte und den Termin wurde der Antrag für einen jährlichen wiederkehrenden Veteranentag am 15. Juni schließlich mit „überwältigender Mehrheit"[53] im Deutschen

---

für Soldaten. Rheinische Post, 04.09.2023, S. A3; Hemicker, Lorenz (2023): Portraits gegen die Beliebigkeit. Frankfurter Allgemeine Zeitung, 12.12.2023, S. 6.

[51] Im Anhang dieses Buches ist der vollständige Beschlussantrag der Fraktionen im Wortlaut abgedruckt (Abschrift, S. 122ff.).

[52] Vgl. u.a. Der Spiegel (2023): Anerkennung für Militärangehörige. Scholz spricht sich für Veteranentag aus. Spiegel.de, 10.11.2023; dpa (2023): Wehrbeauftragte will für jährlichen Veteranentag werben. Zeit.de, 09.09.2023; dpa (2023): Pistorius offen für Veteranentag. Zeit.de, 10.09.2023.

[53] Özoğuz, Aydan (2024): Feststellung des Beschlusses zum Tagesordnungspunkt »Antrag der Fraktionen von SPD, CDU/CSU, Bündnis 90/Die Grünen und FDP mit dem Titel „Für eine umfassende Wertschätzung – Einen nationalen Veteranentag einführen und die Versorgung von Veteranen und deren Familien verbessern"«. bundestag.de, 25.04.2024; Für den Antrag gestimmt haben die Fraktionen von SPD, CDU/CSU, Bündnis 90/Die Grünen, FDP sowie AfD. Gegen den Antrag stimmte die Gruppe Die Linke.

Bundestag beschlossen. Vorausgegangen war eine knapp 80-minütige Plenardebatte, bei der sich die fraktionsübergreifende Zustimmung bereits abgezeichnet hatte. Den auf der Ehrentribüne anwesenden Veteraninnen und Veteranen wurde danach aus dem Bundestagsplenum mit Standing Ovations gratuliert.[54]

Die Terminsetzung auf den 15. Juni überraschte kurz zuvor noch viele Akteure der Veteranenbewegung und löste intensive Social Media-Diskussionen aus. In den vorhergehenden Erörterungen schien die Präferenz eher bei anderen Terminen wie beispielsweise dem Osterwochenende in Erinnerung an das Karfreitagsgefecht 2010, Ende Juni im Verbund mit dem internationalen »Tag des Peacekeepings« oder der zweiten Septemberwoche in Rückbezug auf die Invictus Games in Deutschland zu liegen.

Andere Vorschläge, wie der 12. November in Anknüpfung an das Gründungsdatum der Bundeswehr, die Zusammenlegung mit dem Volkstrauertag in der zweiten Novemberhälfte oder das Inkrafttreten des Parlamentsbeteiligungsgesetzes im März waren frühzeitig ausgeschlossen worden, da sie den auf dem Veteranenkongress im Februar 2024 vereinbarten Kriterien nicht entsprachen.

Bei der finalen Abstimmung hatten sich die Bundespolitik und die Akteure der Veteranenbewegung auf zwei unverrückbare Kriterien für einen nationalen Veteranentag verständigt: Zum einen sollte der Termin immer auf ein Wochenende fallen, zum anderen sollte dabei zumindest potenziell gutes Wetter sein. Beide Maßgaben hatten das Ziel, über die Jahre einen Veteranentag mit Volksfestcharakter ent-

---

[54] Vgl. Hauck, Uli (2024): Bundestag beschließt nationalen Veteranentag am 15. Juni. BR24, 25.04.2024; Jungbluth, Frank (2024): Deutschland versöhnt sich mit der Truppe. BundeswehrVerband.de, 25.04.2024; Kaminski, Simon (2024): Anerkennung für deutsche Soldaten: Bundestag beschließt Veteranentag. Augsburger Allgemeine, 25.04.2024.

stehen zu lassen.[55] Trotz Zusammenkünften zum Gedenken an Gefallene, Verwundete und Hinterbliebene soll es sich im Kern eben nicht um einen düsteren, sondern um einen positiven und fröhlichen Tag handeln.

25. April 2024: Repräsentantinnen und Repräsentanten der Veteranenbewegung nach dem Beschluss des nationalen Veteranentages auf der Ehrentribüne des Deutschen Bundestages. Das Foto steht symbolisch für den Umbruch in der deutschen Veteranenpolitik und ist inzwischen zum ikonischen Sinnbild der Bewegung geworden (Foto: Yann Bombeke/Deutscher BundeswehrVerband).

Dieses Argument war schlussendlich auch für die Schlichtung der Unruhe in der Veteranencommunity entscheidend. Mit der Regelung im Bundestagsbeschluss, dass die mit dem Veteranentag verbundenen Feierlichkeiten immer am Wochenende vor oder nach dem 15. Juni stattfinden, wenn

---

[55] Vgl. Michel, Alexander (2024): Alle finden den Veteranentag für die Bundeswehr gut – aber schönes Wetter sollte schon sein! Südkurier, 21.03.2024.

dieser Tag auf einen Werktag fallen sollte, wurde dem zweiten Kriterium ebenfalls Rechnung getragen. Mit dem Datum wird der Bezug zur erstmaligen Verleihung von Veteranenabzeichen während des »Tages der Bundeswehr« im Jahr 2019 hergestellt.[56]

In einer Pressemitteilung der Deutschen Friedensgesellschaft warnte man noch am Tag des Bundestagsbeschlusses vor einer „Blut & Ehre-Mentalität um deutsche Soldat*innen" und kündigte an, den Veteranentag "zukünftig zu einem Protesttag gegen Militarismus zu machen".[57] Tags darauf titelte die Tageszeitung »Junge Welt« mit der Schlagzeile »Orden fürs Morden« und meinte, mit der Einführung des Veteranentages eine „angestrebte Glorifizierung des Soldatentums" erkannt zu haben, die „das Morden auf den Schlachtfeldern normalisieren und die Heimatfront auf Linie bringen" soll.[58] Auf dem Titel des Magazins »konkret« prangte einige Wochen später die Zeile »Weggetreten. Der deutsche Veteranentag«. Im als „Parlament im Kriegsrausch" angekündigten Beitrag werden die Rednerinnen und Redner der Plenardebatte zum Veteranentag als „zugepeppte Dorfnazis" beschrieben, die sich „in einem einzigen Fiebertraum am Soldatentum [aufgeilen]".[59] Das Satiremagazin Titanic widmete dem Veteranentag und der Bundeswehr in seiner Juni-Ausgabe 2024 zudem gleich eine mehrseitige Strecke mit Veteranen-Checklisten und einer Bildcollage von

[56] Der »Tag der Bundeswehr« ist ein Tag der offenen Tür, der seit 2015 jedes Jahr im Juni gleichzeitig an mehreren Bundeswehr-Standorten durchgeführt wird.

[57] Deutsche Friedensgesellschaft – Vereinigte KriegsdienstgegnerInnen (2024): Friedensgesellschaft gegen neuen Militarismus. Pressemitteilung. dfg-vk.de, 25.04.2024.

[58] Natour, Karim (2024): Orden fürs Morden. Deutsches Parlament beschließt nationalen Gedenktag für Bundeswehr-Veteranen am 15. Juni. Junge Welt, S. 1.

[59] Wolf, Elena (2024): Blaka, blaka, blaka. Konkret, 6, S. 45f.

Panzer- und Raketen-Hüpfburgen vorm Brandenburger Tor in Berlin.[60]

Der Veteranenbegriff hat hierzulande offenkundig ein schweres Erbe. Natürlich werden militärskeptische Akteure einen Veteranentag sowie das weitergehende Engagement für Veteraninnen und Veteranen immer als Ausdruck einer sich zunehmend militarisierenden Gesellschaft verstehen.[61] Es liegt deshalb an allen unterstützenden Akteuren, durch eine entsprechende Ausgestaltung des Tages zu belegen, wie wertvoll und bereichernd er für den gesellschaftlichen Zusammenhalt in Deutschland sein kann.

Ohnehin ist die „intellektuelle Überheblichkeit"[62] gegenüber allem Militärischen nicht repräsentativ für die breite Bevölkerung; sie ist vor allem in weiten Teilen der postheroischen Kultureliten verbreitet.[63] Wie die Forschungsbefunde des Zentrums für Militärgeschichte und Sozialwissenschaften der Bundeswehr eindeutig belegen, begrüßt die Mehrheit der Bürgerinnen und Bürger Veranstaltungen zur Steigerung der Sichtbarkeit von Veteraninnen und Veteranen in der Öffentlichkeit. 73 Prozent sprechen sich für eine Ehrung von

---

[60] Vgl. Mateus, Julia & (2024): Willkommen zum Veteranentag 2025. Titanic, 6, S. 16ff.

[61] Vgl. u.a. Bartsch, Dietmar (2024): Rede zum Tagesordnungspunkt »Antrag der Fraktionen von SPD, CDU/CSU, Bündnis 90/Die Grünen und FDP mit dem Titel „Für eine umfassende Wertschätzung – Einen nationalen Veteranentag einführen und die Versorgung von Veteranen und deren Familien verbessern"«. bundestag.de, 25.04.2024; s.a. Weber, Christian (2018): Ist jeder Soldat ein Veteran? Eine kritische Analyse der Veteranendefinition vom Volkstrauertag 2018. Arbeitspapier Sicherheitspolitik 32. Bundesakademie für Sicherheitspolitik: Berlin, S. 2.

[62] Chauvistré, Eric (2009): Wir Gutkrieger. Warum die Bundeswehr im Ausland scheitern wird. Campus: Frankfurt a.M., S. 17.

[63] Vgl. Jungholt, Thorsten & Schuster, Jacques (2024): Verteidigungsfähigkeit. „Man kann nur beten, dass Scholz recht hat. Sonst wird er an vielen Gräbern stehen müssen." Interview mit Sönke Neitzel. Welt am Sonntag, 21.09.2024.

Veteraninnen und Veteranen am »Tag der Bundeswehr« aus. Einen expliziten Veteranentag begrüßen 63 Prozent.[64]

In den Verteidigungspolitischen Richtlinien 2023 wird betont, dass die „Bundeswehr einschließlich der Reserve […] in die Mitte der Gesellschaft" gehört und sie „dort erlebbar sein [muss], wo die Menschen sind."[65] Die Einführung eines öffentlich begangenen Veteranentages kann als konsequente Ableitung aus diesem Anspruch betrachtet werden.

6.2 Internationale Veteranentage

Deutschland ist eine der wenigen westlichen Nationen, die bislang keinen eigenen Tag zur Ehrung von Veteraninnen und Veteranen hatte. Egal, ob man in die Vereinigten Staaten, nach Großbritannien, Frankreich, Schweden, die Niederlande, Belgien, Dänemark, Neuseeland oder Australien schaut – überall ist Einsatzrückkehrern oder ehemaligen Soldatinnen und Soldaten ein besonderer Tag gewidmet. Teils knüpfen diese Tage seit vielen Jahrzehnten an eine ungebrochene Tradition an; überwiegend wurden sie allerdings auch bei unseren Bündnispartnern erst vor wenigen Jahren geschaffen.

Die USA gehören zu den Staaten, in denen Veteranenpolitik eine lange Tradition hat. Der »Veterans Day« wird jährlich am 11. November anlässlich des Waffenstillstands im Ersten Weltkrieg gefeiert. Er ist ein Gedenktag zu Ehren aller an

---

[64] Vgl. Graf, Timo (2024): Was bleibt von der Zeitenwende in den Köpfen? Sicherheits- und verteidigungspolitisches Meinungsbild in der Bundesrepublik Deutschland 2023. Forschungsbericht 136. Zentrum für Militärgeschichte und Sozialwissenschaften der Bundeswehr: Potsdam, S. 48f.

[65] Bundesministerium der Verteidigung (Hrsg.): Verteidigungspolitische Richtlinien 2023. Bundesamt für Infrastruktur, Umweltschutz und Dienstleistungen der Bundeswehr: Bonn, S. 27.

Kriegen beteiligten Veteraninnen und Veteranen der Vereinigten Staaten. Zum Programm gehören unter anderem die Niederlegung eines Kranzes am Arlington National Cemetery in Washington durch hohe Regierungsvertreter sowie landesweite Militärparaden und Feste. Zu Ehren der während ihrer Dienstausübung verstorbenen Militärangehörigen wird Ende Mai zudem der »Memorial Day« begangen.

Großbritannien führte 2006 einen »Veterans Day« ein, der drei Jahre später in »Armed Forces Day« umbenannt wurde. Er wird am letzten Samstag im Juni ausgerichtet und würdigt sowohl die Leistungen aktiver als auch ehemaliger Soldatinnen und Soldaten. Feierliche Veranstaltungen finden unter Einbindung von Freunden und Familien in London und den Garnisonsstädten des Landes statt. Zudem übernimmt jedes Jahr eine Stadt die Patenschaft für den »Armed Forces Day«. Wie in den USA gibt es für das Toten- und Gefallenengedenken auch in Großbritannien einen gesonderten Tag: Am ersten Sonntag nach dem 11. November findet jedes Jahr ein »Remembrance Day Weekend« statt, an dem das Staatsoberhaupt Mohnblumen am Cenotaph-Kriegerdenkmal in London niederlegt. Die roten Mohnblumen – Poppys – werden an diesem Wochenende im ganzen Land getragen und überall im öffentlichen Raum sichtbar gemacht, weshalb der Gedenktag auch als »Poppy Day« bezeichnet wird.

In Frankreich gibt es keinen expliziten Veteranentag, jedoch werden verschiedene Anlässe zur landesweiten Ehrung von Soldatinnen und Soldaten genutzt. Am französischen Nationalfeiertag marschieren beispielsweise aktive und ehemalige Militärangehörige im Rahmen einer Parade über die Prachtstraße des Champs-Élysées. Seit 1922 wird zudem der »Jour du Souvenir« als gesetzlicher Feiertag begangen: Am 11. November um 11:00 Uhr wird jedes Jahr in zwei Schweigeminuten an die Wirksamkeit des Waffenstillstandes im Ersten Weltkrieg erinnert. In ganz Frankreich finden dann Zeremonien statt, einschließlich einer großen Veranstaltung am Arc de Triomphe in Paris, wo der französische Präsident einen Kranz niederlegt und die Flamme des unbekannten Soldaten entzündet. Als Symbol der Solidarität mit Veteraninnen und Veteranen sowie Hinterbliebenen werden zudem Mohnblumen aus Stoff getragen.

Viele europäische Nationen haben ihre Veteranentage in den letzten Jahren bzw. Jahrzehnten im Zuge des zunehmenden Engagements in Auslandsmissionen eingeführt. In den Niederlanden gibt es ihn seit 2005: Immer am letzten Samstag im Juni findet er unter Anwesenheit der königlichen Familie mit einer Militärparade, begleitet von einem Rahmenprogramm mit Informationsangeboten, Musik und Gesprächskreisen statt.

Der Veteranentag in Schweden wurde 2011 eingeführt. Er findet jedes Jahr Ende Mai zeitgleich mit dem internationalen »Tag des Peacekeepings« statt. An einer Zeremonie in Stockholm nehmen sowohl Angehörige des Königshauses als auch der schwedischen Streitkräfte teil.

In Dänemark gibt es seit 2009 den »Flag Flying Day«, an dem sowohl dänischen Einsatzsoldatinnen und -soldaten als auch anderen Staatsangehörigen, die ihren Dienst fernab der Heimat leisten, gedacht wird. Dazu finden zahlreiche Paraden statt und es werden Kränze für diejenigen niedergelegt, die im Ausland gefallen oder verstorben sind.

Die belgische Regierung hat 1998 einen Veteranentag beschlossen und gedenkt jährlich Anfang April aller Soldatinnen und Soldaten, die seit Ende des Zweiten Weltkrieges in Ausübung ihres Dienstes ihr Leben verloren haben.[66]

---

[66] Zur Veteranenkultur anderer Nationen: Vgl. u.a. Wissenschaftliche Dienste des Deutschen Bundestages (2017): Veteranenkonzepte in ausgewählten Ländern. Vergleichende Darstellung. WD2-3000-065/17, 18.09.2017. Deutscher Bundestag: Berlin; Bohnert, Marcel (2024): Zur Ausgestaltung des nationalen Veteranentages. Europäische Sicherheit &

Mit Blick auf unsere Verbündeten finden sich mehr als genügend Inspirationen für die Gestaltung des Veteranentages in Deutschland. Natürlich gilt es dabei, auf nationale Besonderheiten Rücksicht zu nehmen. Ohne mutig voranzuschreiten, sich unter den wichtigen Akteuren aus Politik, Bundeswehr und Gesellschaft kontinuierlich abzustimmen und auch gegen Kritik zu bestehen, wird eine breit getragene Verankerung jedoch kaum gelingen.

6.3 Ideensammlung

Der Bundestagsbeschluss zur Einrichtung des Veteranentages ist ein Meilenstein für die deutsche Veteranenbewegung und ein großer Schritt zur Stärkung des Bandes zwischen Bundeswehr und Gesellschaft. 2025 soll der Tag erstmals flächendeckend in Deutschland stattfinden.

Mit der Ankündigung allein ist es aber nicht getan. Im Gegenteil: Um den Veteranentag in den kommenden Jahren mit Leben zu füllen und zu einem festen Teil unserer Kultur werden zu lassen, bedarf es noch einiger Anstrengungen und Initiativen.

Auf dem nationalen Veteranenkongress 2024 wurden der Politik durch die Veteranenbewegung vier Forderungen zur

---

Technik, 6, S. 86ff.; Aschmann, Frank, Aßmann, Tim & Markert, Stefanie (2024): Veteranentag. Wie ehren andere Länder ihre Soldaten? Tagesschau.de, 25.04.2024. Internationale Veteranenorganisationen wie die World Veterans Federation (WVF) oder die Veteran Coalition International (VCI) vertreten die Interessen von Veteraninnen und Veteranen, Kriegsopfern und ihren Familien weltweit. Als Dachorganisation für die militärischen Berufsverbände in den europäischen Staaten hat die European Organisation of Military Associations and Trade Unions (EUROMIL) auf ihrer 130. Generalversammlung am 25.10.2024 beschlossen, sich zukünftig auch mit Fragen der Veteranenkulturen ihrer Mitgliedsländer zu befassen.

Operationalisierung des Veteranentages mit auf den Weg gegeben:

- Anreize für gesellschaftliche Aktivitäten schaffen,
- kein Tag von der Bundeswehr für die Bundeswehr,
- Einbindung von Bund, Ländern und Kommunen sowie
- sukzessives Ausweiten in die Fläche.

An der Schaffung bzw. Berücksichtigung dieser Rahmenbedingungen wird sich in den kommenden Monaten und Jahren der politische Beitrag zur Umsetzung messen lassen. Das erklärte Ziel aller Beteiligten ist es, einen Veteranentag zu schaffen, der in der Mitte der Gesellschaft stattfindet und an dem sich Sportvereine, Unternehmen, Gewerkschaften, Kirchen, Schulen und andere zivilgesellschaftliche Akteure engagieren. Neben der Ausrichtung einer zentralen Veranstaltung auf Bundesebene wird es politikseitig darauf ankommen, Anreize zu schaffen, mit denen es gelingt, Menschen in den Bundesländern und in den Kommunen zu aktivieren.

Es wäre natürlich ein starkes Zeichen, wenn sich auch diejenigen einbrächten, die bislang keine oder wenig Berührungspunkte zur Bundeswehr hatten. Bei der Art des Engagements sind der Fantasie keine Grenzen gesetzt. Alles, was Veteraninnen und Veteranen anspricht, ihnen die Hand reicht und vermittelt, dass ihr Dienst wertgeschätzt wird, ist eine wertvolle Geste.

In den vergangenen Monaten hat der Deutsche BundeswehrVerband durch Online-Aufrufe, Social Media-Umfragen, Tagungen, Gesprächskreise sowie Analysen internationaler Veteranentage Ideen für die Ausgestaltung des Veteranentages in Deutschland zusammengetragen. Dabei ist ein umfangreiches Ideenpapier entstanden, dessen Inhalte hier in Auszügen vorgestellt werden sollen. Nachfolgend sind die wesentlichen Überlegungen acht unterschiedlichen Rubriken von Akteuren zugeordnet:

- Politische Akteure,
- aktive und ehemalige Soldatinnen und Soldaten,
- Wehrverbände, Kameradschaften und Veteranenvereine,
- zivilgesellschaftliche Akteure,
- öffentliche Einrichtungen,
- (Sport-)Vereine,
- Kunst- und Kulturszene sowie
- Einzel- und Privatpersonen.

Diese Rubriken sind nicht trennscharf voneinander abgrenzbar, weshalb sich die Ideen teils überlagern und ähneln. Sie sind als bunter Strauß von kreativen Impulsen, Anregungen und Inspirationen zu verstehen, der jederzeit ergänzt und adaptiert werden kann.[67]

Politische Akteure

Vertreterinnen und Vertreter aus politischen Institutionen haben vielfältige Möglichkeiten, den nationalen Veteranentag zu unterstützen und die Anerkennung von Veteraninnen und Veteranen zu fördern – egal ob sie auf Bundes-, Landes- oder Kommunalebene tätig sind. Denkbar sind beispielsweise:

- *Rundfunkansprachen:* Ansprachen des Bundespräsidenten, der Bundestagspräsidentin, des Verteidigungsministers, von Ministerpräsidentinnen und -präsidenten sowie

[67] Das regelmäßig erweiterte Ideenpapier „Füllen wir den Veteranentag mit Leben!“ ist abrufbar unter: www.BundeswehrVerband.de/Veteranen (Reiter »Veteranentag«) [letzter Abruf: 05.11.2024].

Kommunalpolitikerinnen und -politikern auf nationalen und regionalen Sendern sowie Social Media.

- *Veranstaltungen mit Volksfestcharakter:* feierliche Veranstaltungen bei politischen Institutionen wie dem Bundestag sowie den Landes- und Kommunalparlamenten.

- *Förderung von Veranstaltungen und Publikationen:* Politische Stiftungen sowie Bundes- und Landeszentralen für Politische Bildung können Publikationen zu Veteranenthemen erstellen und fördern.

- *Verleihungszeremonien für Orden, Ehrenzeichen und Medaillen:* öffentlichkeitswirksame Verleihung des Veteranenabzeichens an ausscheidende Soldatinnen und Soldaten, Verleihung von Einsatzmedaillen an Einsatzrückkehrende, Überreichung eigener Coins oder Urkunden beispielsweise im Bundestag, im Bundesministerium der Verteidigung, an öffentlichen Orten oder in Landes- und Kommunalparlamenten.

- *Sonderbriefmarke Veteranentag:* zur Versendung von Briefen oder Postkarten, für leidenschaftliche Sammlerinnen und Sammler, als schönes Souvenir oder Mitbringsel.

- *Großer Zapfenstreich:* zur Ehrung von Veteraninnen und Veteranen.

- *Live-Schalten in Auslandseinsätze:* Wie wäre es mit Konferenzschaltungen zu deutschen Einsatzsoldatinnen und -soldaten im Kosovo, in Litauen, im Irak, in Jordanien oder im Mittelmeer?

- *Stiftung eines Preises für die besten Veteraneninitiativen:* möglich als Neustiftung oder als neue Kategorie des etablierten Preises »Bundeswehr und Gesellschaft«.

- *(Um-)Benennung von Straßen, Gebäuden, Brücken, öffentlichen Plätzen*: Namensgebung von gefallenen Soldaten oder Trägern der Tapferkeitsmedaille.

- *Feierliche Einweihung von Solidaritätssymbolen und Kunstobjekten in Städten und Gemeinden:* Gelbe Schleifen oder Veteranentagsgrüße auf Verkehrsinseln, an Ortsschildern, an Rathäusern, an öffentlichen Gebäuden, auf öffentlichen Plätzen, als Lichtprojektionen.

- *»Gelbe Schleifen« als Zeichen der Solidarität sichtbar machen:* Das Brandenburger Tor im Herzen Berlins ist ein Gästemagnet. Hier versammeln sich Touristinnen und Touristen ebenso wie Einheimische. Warum das Wahrzeichen Berlins also nicht mit einer dekorativen »Gelben Schleife der Solidarität« schmücken? Auch Lichtprojektionen der Schleife an weiteren nationalen und regionalen Wahrzeichen in Deutschland wären schöne Symbole der Wertschätzung.

- *Implementierung eines Maskottchens als Markenbotschafter:* Im Sport werden Maskottchen für Vereine und bei Großveranstaltungen als Erkennungszeichen eingesetzt. Sie sollen unterhalten, Spaß verbreiten, das Publikum begeistern, Gäste zum Mitmachen animieren und Marketingziele realisieren. Sie sind Markenbotschafter, die für Aufmerksamkeit und Kommunikation sorgen. Es spricht also vieles für einen plüschigen Animateur, der Solidarität, Zusammenhalt und Stärke symbolisiert. Wie wäre es also mit einem tierischen Geschöpf in Uniform, das auf allen Kanälen Werbung betreibt und auf einer zentralen Veranstaltung mit Prominenten und Gästen posiert?

- *Einführung einer flächendeckenden Gedenkminute:* Freude und Leid liegen oft nahe beieinander. So auch am Veteranentag. Warum also Feste und Gedenken nicht miteinander verknüpfen? Auch wenn der Veteranentag in erster Linie ein Tag der Freude sein soll, wäre eine zentrale Gedenkminute für Deutschlands gefallene und im Dienst verstorbene Soldatinnen und Soldaten ein starkes Symbol.

- *Einführung eines gesetzlichen Feiertages:* Der nationale Veteranentag ist als Gedenktag konzipiert und kein gesetzlicher Feiertag. Mit Ausnahme des Tages der Deutschen Einheit fällt die Festlegung von Feiertagen in Deutschland in die Zuständigkeit der Bundesländer. Die Einführung eines arbeitsfreien Feiertages ist ein langer und komplexer Prozess. Dennoch lohnt es sich, auch diese Idee zu diskutieren. Warum nicht direkt bei einem Workshop oder einer öffentlichen Podiumsdiskussion am Veteranentag?

- *Beflaggung öffentlicher Gebäude:* Symbole sind identitätsstiftend, Zeichen des Zusammenhalts und helfen bei der psychischen Verarbeitung von Traumata. Eine nationale Beflaggung öffentlicher Gebäude am Veteranentag kann ein starkes Symbol der Wertschätzung sein.

- *Auftritte des Wachbataillons im Zentrum Berlins:* Aufgrund seiner öffentlichkeitswirksamen repräsentativen Aufgaben und der daraus resultierenden Medienpräsenz gehört das Wachbataillon zu den wohl bekanntesten Truppenteilen der Bundeswehr. Warum diese Aufmerksamkeit nicht für einen musikalisch untermauerten Auftritt mitten in Berlin nutzen und dadurch jede Menge positive Aufmerksamkeit generieren?

- *Videoinstallation am Bundestag:* Das Regierungsviertel in Berlin begeistert durch seine Lage und Architektur. Durch Videoinstallationen mit Licht- und Toneffekten an Bundestagsgebäuden könnte Aufmerksamkeit auf Deutschlands Veteraninnen und Veteranen sowie ihre persönlichen Geschichten gelenkt werden.

- *Aufnahme in Wahlprogramme und Koalitionsverträge:* Im aktuellen Koalitionsvertrag der Bundesregierung sind die Worte »Veteranin« oder »Veteran« nicht zu finden. Die jüngsten Entwicklungen könnten ein guter Anlass sein, die Anliegen von Veteraninnen und Veteranen in den Partei- und Regierungsprogrammen sowie in zukünftigen Koalitionsverträgen zu berücksichtigen. Die Bedeutung des Veteranentages als zentraler Anlass zur Ehrung und Würdigung von Veteraninnen und Veteranen und Maßnahmen zu dessen Ausgestaltung könnten darin beschrieben werden.

Aktive und ehemalige Soldatinnen und Soldaten

Klar: Der Veteranentag soll aus der Mitte der Gesellschaft kommen. Aber ohne aktive und ehemalige Angehörige der Bundeswehr wird das nicht gehen. Gerade in der Anfangsphase könnten sie durch eigene Initiativen eine Brücke zwischen der Bundeswehr, der Zivilgesellschaft und der Politik schlagen.

- *Familien- und Veteranenfeste als Tage der offenen Tür in Kasernen:* Was ist besser als ein Grillfest an einem schönen Sommertag? Wie wäre es mit einem Sekt-Empfang?

- *Besuch und Verbreitung von Veteranentag-Aktionen:* Zügig werden auf Bundes-, Landes- und Kommunalebene um den 15. Juni herum eine ganze Reihe von Veranstaltungen und Aktionen entstehen. Ganz wichtig: Wer da war, sollte seine positiven Erfahrungen in den Sozialen Medien unter Nutzung der Hashtags #Veteranentag, #Veteranenkultur und #Veteranenpolitik teilen.

- *Aktion Veteranentag:* Wie wäre es mit Gesicht zeigen? Alumni der Bundeswehr-Universitäten haben eine Aktion ins Leben gerufen, bei der aktive und ehemalige Soldatinnen und Soldaten jedes Jahr am 15. Juni ein Porträt in Uniform mit dem Logo #Veteranentag in den Sozialen Medien hochladen.[68]

- *Veteranentouren:* Bus-, Fahrrad-, Boots- oder Motorradtouren von gemischten Reisegruppen zu besonderen Orten oder Gedenkstätten können Erinnerungen wieder aufleben lassen und den Zusammenhalt fördern. Touren sind sogar in ehemalige Einsatzgebiete der Bundeswehr wie Bosnien oder Albanien möglich.

- *Diskussion über Militärparaden:* Bei der Ausrichtung öffentlichkeitswirksamer Militärparaden stellt sich die Frage, ob die deutsche Gesellschaft für derartige Formate zu erwärmen ist. Sind wir bereit für rollende Panzer im Herzen Berlins und Flugshows nach internationalem Vorbild? Der Dialog darüber sollte ergebnisoffen geführt werden und Gegenstand öffentlicher Podiumsdiskussionen am Veteranentag sein.

- *Freistellung aktiver und ehemaliger Soldatinnen und Soldaten:* Der Veteranentag als bundesweiter gesetzlicher Feiertag ist derzeit unwahrscheinlich? Wie wäre es mit kontingentierten Freistellungen von aktiven Soldatinnen und

---

[68] Weitere Informationen zur Initative: www.AlumniUniBw.de/news/42/ [letzter Abruf: 05.11.2024].

Soldaten sowie Reservistinnen und Reservisten von ihrer beruflichen Tätigkeit als Zeichen der Anerkennung und Wertschätzung?

Wehrverbände, Kameradschaften und Veteranenvereine

Als bundeswehrnahe Organisationen können Wehrverbände, Kameradschaften, Veteranenvereine, Stiftungen, Projekte, Zusammenschlüsse und andere Akteure den Veteranentag auf allen Ebenen unterstützen:

- *Kinder- und Familienfeste:* Zeit mit der Familie – für viele Menschen ein wichtiges Gut. Und gerade für Veteraninnen und Veteranen ist die Einbindung von Angehörigen und Bezugspersonen oft ein wichtiger Faktor. Warum also nicht einen Tag für die gesamte Familie ermöglichen? Es gibt unendlich viele Möglichkeiten für kinder- und familienfreundliche Veranstaltungen.

- *Kommunen aktiv einbinden:* Keine Berührungsängste! Das proaktive Zugehen auf die jeweiligen Gemeinden und Kommunen, um Vorschläge zur Zusammenarbeit zu machen oder Beratung anzubieten, ist für das Gelingen des Veteranentages unabdingbar. Oft hilft es schon, Ideen vorzustellen und Kontakte zu lokalen Veteraninnen und Veteranen zu vermitteln.

- *Markenbotschafter:* Prominente Botschafterinnen und Botschafter sowie Influencerinnen und Influencer aus Politik, Sport, Film, Kunst und Kultur haben große Reichweiten, mit denen sie Themen tief in die Gesellschaft hinein transportieren können. Wenn sie für die aktive Bewerbung des Veteranentages gewonnen werden können, lassen sich dadurch viele weitere Menschen inspirieren und begeistern.

- *Public Viewing-Events für Veteraninnen und Veteranen:* Public-Viewing ist ein häufig im Sport genutztes Mittel, um viele unterschiedliche Menschen an einem Ort zusammenzubringen. Sie vermitteln ein Gefühl des Zusammenhalts und der Verbundenheit. Genau dieses Gefühl sollte am Veteranentag vermittelt werden. Egal ob durch Filmvorführungen, offizielle politische Ansprachen oder Live-Schaltungen auf Übungsplätze oder in Einsätze.

- *Umplanung bisheriger Veteranen-Events:* Die Bündelung und Zentralisierung möglichst vieler Aktionen und Events rund um den 15. Juni ist entscheidend für die langfristige Etablierung des Veteranentages.

- *Organisation und Durchführung von Veteranenmärschen:* durch Ortskerne oder die Mitte von Städten.

- *Veteranentreffen:* Ehemaligentreffen, bei denen Kameradinnen und Kameraden zusammengeführt werden, die beispielsweise gemeinsam an einem Auslandseinsatz teilgenommen haben oder zeitgleich in einer Einheit dienten.

- *Errichten von Informationsständen:* Um Veteraninnen und Veteranen, ihre Angehörigen und Bezugspersonen zu verstehen, sind Informationsstände, die sich nicht hinter Kasernentoren verstecken, ein gutes Mittel für einen niedrigschwelligen Austausch. Gern auf Volksfesten, Schützenfesten, Netzwerktreffen, Gala-Abenden, Benefizveranstaltungen, Konzerten, Tanzveranstaltungen, Jubiläumsfeiern, Alumni-Treffen usw.

- *Organisation von regelmäßigen regionalen Veteranenstammtischen durch ortsansässige Vereine:* Im Mittelpunkt von Stammtischrunden steht das gesellige Zusammensein. Dabei werden Diskussionen zu verschiedenen Themen geführt. Sie bieten Veteraninnen und Veteranen, aber auch Außenstehenden, die Möglichkeit, in Kontakt zu treten und ihre Geschichten zu teilen.

- *Postkarten- und Luftballonaktionen:* Gesellschaftliche Akteure schreiben Wünsche für Deutschlands Veteraninnen und Veteranen sowie ihre Angehörigen oder Hinterbliebenen auf Papier und lassen diese anschließend mit einem Ballon in die Luft steigen. Für Verwundete und Traumatisierte könnte man Genesungswünsche gen Himmel schicken. Gänsehautmomente sind garantiert. Analog zu Luftballonaktionen könnten Marineverbände »Flaschenpostaktionen« ermöglichen oder Zeitkapseln mit Wünschen eingegraben werden.

Zivilgesellschaftliche Akteure

Vertreterinnen und Vertreter der Zivilgesellschaft sind entscheidend, um den nationalen Veteranentag in der Gesellschaft zu verankern und die Anerkennung von Veteraninnen und Veteranen in ganzer Breite zu fördern:

- *Kirchen:* Ausrichtung von Veteranengottesdiensten, gern unter Einbindung der Militärseelsorge.

- *Unternehmen:* Auch Unternehmen können sich am Veteranentag aktiv einbringen. Hier einige Beispiele: Ausgabe von Veteranen-Kundenkarten, die Vergünstigungen ermöglichen, Ausgabe von Giveaways und Fanartikeln, Veteranentag als zusätzlicher Black Friday, Bustouren zu relevanten Orten und Veranstaltungen, zum Beispiel zu militärhistorischen Museen, Sammlungen oder Gedenkstätten, Genehmigung, dass Reservistinnen und Reservisten am Veteranentag am zivilen Arbeitsplatz Uniform tragen dürfen, Sponsoring von Veranstaltungen, Dankeskampagnen bei Social Media, Veteranenkochkurse, Veteranencafés, Ehrungscafés, Aufnahme des Veteranentages in offizielle Unternehmenskalender, Sonderrabatte für Veteraninnen und Veteranen am Veteranentag.

Öffentliche Einrichtungen

Besonders in öffentlichen Einrichtungen treffen viele Menschen aufeinander. Diese Gelegenheit könnte für den Veteranentag folgendermaßen genutzt werden:

- *thematische Ausstellungen:* Fotoserien, Malereien, Skulpturen, Street Art, Sound Art, Veteranenkunst usw.

- *Eintrittsvergünstigungen für Veteraninnen und Veteranen sowie ihre Familienangehörigen:* in Zoos, Kinos, Museen, Freizeitparks, Schwimmbädern, Indoor-Spielplätzen, Fitnesseinrichtungen, Sportparks, Miniaturwelten, Planetarien usw.

- *öffentliche Lesungen zu Veteranenthemen:* in Bibliotheken, Büchereien, Buchläden, Einkaufscentern, Volkshochschulen, Cafés, Kunstgalerien, Kulturzentren, Seniorenheimen, Pflegeeinrichtungen, Parks, Gemeindehäusern, Kirchen, auf Kleinkunstbühnen usw.

- *Organisation von aktiven Workshops:* rund um die Themen »Bundeswehr und Gesellschaft« sowie »Anerkennung und Wertschätzung«.

- *Foren für persönliche Berichte von Veteraninnen und Veteranen aus erster Hand:* Erlebnis- und Zeitzeugenberichte aus Auslandseinsätzen oder der Zeit des Kalten Krieges.

- *Ausrichtung themenspezifischer Kongresse:* an der Schnittstelle von Militär, Medizin, Psychologie und Sozialwissenschaften.

- *Aufbau von Informationsständen:* in der Lobby öffentlich zugänglicher Gebäude, Auslage von Informationsmaterialien.

- *Informationen an »Schwarzen Brettern«:* zu lokalen und regionalen Angeboten am Veteranentag.

- *Bewerbung des Veteranentages:* mittels auffälliger Aufsteller mit Porträts und Statements von Veteraninnen und Veteranen.

- *Auslage von »Gelben Schleifen«:* für den guten Zweck verkaufen oder verschenken in öffentlichen Gebäuden.

- *Veteranentanz:* Tanzveranstaltungen für Veteraninnen und Veteranen, egal ob Blaskapelle oder Technobeats.

- *Einbindung von in Landes- und Bundesbehörden beschäftigten Veteraninnen und Veteranen:* Viele Veteraninnen und Veteranen leisten ihren Dienst nicht mehr in der Bundeswehr, sondern in anderen staatlichen Institutionen wie Landes- und Bundesbehörden. Sie könnten durch Einladungen zu Veranstaltungen, Podiumsdiskussionen, Zeitzeugenberichten etc. eingebunden werden.

- *Öffentlicher Nahverkehr:* Vergünstigungen bei Fahrtkosten für Veteraninnen und Veteranen sowie deren Angehörige und Hinterbliebene wären ein starkes Signal der Wertschätzung. Und: Viele Menschen benutzen regelmäßig den öffentlichen Personen-Nah- und Fernverkehr. Durch das Anbringen von Werbebannern oder digitalen Grüßen in und an Bahnen, Zügen und Bussen würde zusätzliche Aufmerksamkeit auf den Veteranentag gelenkt.

- *Medien:* Interviews mit Veteraninnen und Veteranen, Trägerinnen und Trägern der Tapferkeits- oder Gefechtsmedaille, Auslandsrückkehrerinnen und -kehrern, Ehemaligen, Verwundeten, Traumatisierten, Hinterbliebenen, Angehörigen von Spezialkräften, militärischen Autorinnen und Autoren, Beiträge über Aktionen und Events, Live-Schalten in Auslandseinsätze, Themenschwerpunkte in Printmedien, Online- und Social Media-Formaten, Talkshows, Podcasts, TV-Spots, Blogs, Newslettern, TV-Sendeprogramm mit themenbezogenen Filmen (Schutzengel, Stiller Kamerad, Auslandseinsatz, Zwischen Welten, Soldaten, Snipers Alley etc.).

- *Bildungseinrichtungen:* Hier fühlen sich Menschen zu Hause, die auf der Suche nach Wissen und Begegnungen sind. Außerdem erreicht man dort auch jüngere Generationen. Warum nicht erklären, was eine Veteranin bzw. einen Veteranen ausmacht? Was macht den Soldatenberuf aus? Wie lebt es sich als an Körper oder Seele Verwundete bzw. Verwunderter? Diese und ähnliche Fragen könnten in folgenden Formaten beantwortet werden: Einladung von ortsansässigen Veteraninnen und Veteranen zu Informationsveranstaltungen und Vorträgen in Schulen, Volkshochschulen, Universitäten und Hochschulen sowie Organisation von Themenwochen rund um den 15. Juni. Die Formate können durch die politischen Stiftungen sowie die Bundes- und Landeszentralen für Politische Bildung veranstaltet, gefördert und unterstützt werden.

(Sport-)Vereine

In Vereinen kommen viele Menschen mit ähnlichen Interessen zusammen. Will man den Veteranentag flächendeckend ins Land tragen, bieten sich folgende Initiativen an:

- *Spieltage für Veteraninnen, Veteranen und Einsatzversehrte:* bei Bundesliga-Spielen oder in regionalen Ligen.

- *Chöre, Trommel- und Rhythmusgruppen, Street Percussionists, Sängerinnen und Sänger:* Musikeinlagen auf Veranstaltungen.

- *Ehrungen vor oder während sportlicher Großveranstaltungen:* zum Beispiel in der Halbzeitpause von Bundesliga-Spielen oder bei Leichtathletikveranstaltungen.

- *Auftritte der Musikkorps der Bundeswehr oder der Teilstreitkräfte:* bei sportlichen Großveranstaltungen.

- *Veteranentagsläufe, Veteranenläufe:* sportliche Laufveranstaltungen unter dem Motto des Veteranentages, Spendenläufe zu Gunsten von sozialen Einrichtungen und Veteranenorganisationen.

- *Veteranenmannschaften:* Veteranengolfturniere, Veteranenfußballcups, Veteranen-Schach, Paintball-Turniere, Schießsportwettkämpfe, American-Football-Matches – der sportlichen Kreativität sind keine Grenzen gesetzt. Die bundeswehrnahen Verbände und das Veteranenbüro unterstützen gern bei der Suche nach Veteraninnen und Veteranen.

- *Digitale Spruchbanner und Choreografien in Stadien:* von Fans und Cheerleadern, mit Danksagungen an Veteraninnen und Veteranen.

Kunst- und Kulturszene

Kunst und Kultur dienen Menschen dazu, sich von ihrem Alltag ablenken und inspirieren zu lassen. Neue Thematiken sind attraktiv, um in andere Welten einzutauchen. Warum also nicht die Welt der Veteraninnen und Veteranen, ihrer Angehörigen und Hinterbliebenen besser kennenlernen? Folgende Formate sind denkbar:

- *Verfassen und Veröffentlichen:* themenbezogene Bücher und Beiträge.
- *Inszenieren und Aufführen*: themenbezogene Theaterstücke.
- *Drehen und Abspielen*: themenbezogene Filme und Reportagen, Nutzung von Veteranenthemen in populären Medienformaten.
- *Entwicklung und öffentlichkeitswirksame Präsentation:* themenbezogene Reportagen, Songs und Musikstücke.
- *Förderung:* Künstlerinnen und Künstler sowie Kunstprojekte der Veteranenbewegung.
- *Generierung von Markenbotschaftern:* in verschiedenen Medienformaten auf den Veteranentag aufmerksam machen, am Veteranentag Glückwünsche an Veteraninnen und Veteranen richten.
- *Benefizkonzerte:* Festivals mit Veteranenmusik.

Einzel- und Privatpersonen

Jede und jeder Einzelne kann einen Beitrag zum Gelingen dieses Gemeinschaftsprojekts leisten – zum Beispiel durch:

- *Tragen von »Gelben Schleifen«:* Als Symbol der Verbundenheit von Bundeswehr und Gesellschaft vermitteln »Gelbe Schleifen« und »Gelbe Bänder« den Soldatinnen und Soldaten – vor allem in den Einsatzgebieten – die Anteilnahme und den Rückhalt der Bevölkerung. Sie stehen für Anerkennung und Wertschätzung. Anlässlich des Toten- und Gefallenengedenkens bietet sich auch das Tragen eines Vergissmeinnichts an, das die lebendige Erinnerung und den liebevollen Abschied symbolisiert. Ein spezielles Veteranentagslogo liegt bereits im Entwurf vor.

- *Teilnahme an Aktionen und Veranstaltungen rund um den 15. Juni:* Keine Berührungsängste haben! Veteraninnen und Veteranen sind ganz normale Menschen, oft mit besonderen Erfahrungen. Sie haben ihre persönlichen Geschichten zu erzählen. Sie zu treffen, ihnen zuzuhören und ihnen Anteilnahme sowie Interesse entgegenzubringen ist eine wunderschöne Geste der Anerkennung und Wertschätzung.

- *Besuch von Gedenkorten:* In Deutschland gibt es inzwischen zahlreiche Ehrenmale und Gedenkstätten, an denen der Soldatinnen und Soldaten der Bundeswehr gedacht werden kann. Dazu zählen zum Beispiel der Wald der Erinnerung in Potsdam-Schwielowsee, das Ehrenmal der Bundeswehr in Berlin, das Ehrenmal des Deutschen Heeres in Koblenz, das Ehrenmal der Luftwaffe in Fürstenfeldbruck, das Marine-Ehrenmal in Laboe sowie das U-Boot-Ehrenmal Heikendorf bei Kiel. Zudem sind auch zahlreiche regionale Gedenkorte für Gefallene sowie Gedenktafeln und -stätten in Liegenschaften der Bundeswehr entstanden.

- *Aktives Zugehen auf Lokal- und Bundespolitik:* Besuch von Wahlkreisbüros, Schreiben von Briefen, Ansprechen bei Wahlkampfveranstaltungen und Bürgerdialogen, Hinweis auf Relevanz des Themas und Einbringen von Ideen.

- *Veteraninnen und Veteranen einfach mal ein „Danke für Ihren Dienst!" zurufen:* gern auch über das ganze Jahr verteilt.

- *Deutschlands Veteraninnen und Veteranen am 15. Juni einen „Fröhlichen Veteranentag!" wünschen.*

- *Nutzung von Hashtags in Sozialen Medien:* #Veteranentag, #Veteranenkultur und #Veteranenpolitik.

6.4 Operationalisierungshinweise

Obwohl der erste offizielle Veteranentag erst im Jahr 2025 ausgerichtet wird, hat das Veteranenbüro der Bundeswehr bereits am 15. Juni 2024 landesweit über 200 Veranstaltungen registrieren können. Beispielsweise gab es einen fraktionsübergreifenden Empfang im Deutschen Bundestag, Familien- und Veteranentage im Panzerpionierbataillon in Gera sowie beim Logistikregiment in Burg, Veteranengottesdienste in mehreren Gemeinden in Süddeutschland sowie Neubrandenburg, einen Veteranenmarsch der Waldecker Veteranen in Nordhessen, ein Veteranentagstreffen des Bayerischen Soldatenbundes in der Oberpfalz sowie eine Motorradtour der Guardians League Germany zum Wald der Erinnerung in Potsdam-Schwielowsee.[69] Die Stadt Regen

[69] Vgl. u.a. Bas, Bärbel (2024): Grußwort von Bundestagspräsidentin Bärbel Bas beim fraktionsübergreifenden Empfang zum Veteranentag.

widmete am 15. Juni eine Verkehrsinsel zum »Kreis der Solidarität« um: Eine monumentale »Gelbe Schleife« im Zentrum, die durch die Wappen der Stadt Regen und des vor Ort stationierten Panzergrenadierbataillons 112 eingerahmt ist, schmückt nun den vorher so trist wirkenden Ort als verbindendes Symbol.

Darüber hinaus hat der Bund Deutscher EinsatzVeteranen schon 2024 ein verbandsübergreifendes Logo für den nationalen Veteranentag vorgeschlagen, das sich am 15. Juni 2024 bereits wie ein Lauffeuer in den Sozialen Medien verbreitete und inzwischen auch auf Aufklebern, Flaggen und T-Shirts sichtbar ist.[70]

Auch für den ersten offiziellen Veteranentag 2025 wurden bereits Events angekündigt: Im Bundesministerium der Verteidigung werden derzeit federführend Ideen für eine Zentralveranstaltung in Berlin entwickelt, bei der am Reichstagsgebäude ein Veteranendorf mit einem Marktplatz und einer Showbühne für Veteraninnen und Veteranen, Familien und alle Interessierten aufgebaut werden soll. Eine Feierstunde im Deutschen Bundestag ist ebenfalls angedacht.[71]

Darüber hinaus sind der 15. Memorial Run der Recondo Vets, Fotoausstellungen und ein #Breakfast4Veterans im Umfeld des Veteranentages vorgesehen. Im mecklenburgischen Schwerin ist am 15. Juni eine »Wir-Meile« geplant, auf der sich Bürgerinnen und Bürger sowie Veteraninnen und Veteranen durch Workshops, Quizze und Spiele näher

---

Bundestag.de, 14.06.2024; Bombeke, Yann (2024): Nationaler Veteranentag: „Wir wollten nicht bis nächstes Jahr warten". Die Bundeswehr, 7, S. 32.

[70] Der Entwurf des verbandsübergreifenden Veteranentaglogos ist im Anhang des Buches abgebildet (S. 129).

[71] Durch die Gewährung einer pauschalen Uniformtrageerlaubnis für Reservistinnen und Reservisten am Veranstaltungswochenende soll die Sichtbarkeit in der Fläche erhöht werden.

kennenlernen sollen. Eingerahmt wird die Veranstaltung von politischen Beiträgen und einem feierlichen Veteranentanz-Event.

Ehemalige Athletinnen und Athleten der Invictus Games haben eine mehrtägige Radtour namens »Pedals for the Fallen« angekündigt, die über Städte wie Regen, Oberviechtach, Gera und Leipzig bis nach Berlin führt, wo sie am 15. Juni im Verteidigungsministerium enden soll. Auf der Etappe sind symbolische Übergaben Gelber Schleifen, Kranzniederlegungen, Diskussionsrunden und eine Vernissage geplant. Zusätzlich plant der deutsche Ableger der Invictus Games, die sogenannten Invictus Germany, jährlich ein Event um den Termin des Veteranentages.

Bei einem Zeitzeugengespräch in Geilenkirchen werden am 15. Juni deutsche Teilnehmer des Zweiten Golfkrieges sowie der Rüstungskontrolle in Georgien zu Wort kommen. In Koblenz organisieren der Volksbund Deutsche Kriegsgräberfürsorge, der Bund Deutscher Einsatzveteranen, der Reservistenverband sowie der Deutsche BundeswehrVerband gemeinsam eine Veranstaltung, auf der Veteraninnen und Veteranen geehrt, über Kriegsgräber- und Veteranenkultur informiert und Spendenaktionen durchgeführt werden sollen. Der Bund Deutscher EinsatzVeteranen hat zudem eine gemeinsame Veranstaltung mit dem Landesparlament in Niedersachsen angekündigt.

Als erster Landtag hat Schleswig-Holstein Ende September 2024 einstimmig beschlossen, sich aktiv am Veteranentag 2025 zu beteiligen. Geplant sind unter anderem die Beflaggung öffentlicher Gebäude, eine festliche öffentliche Veranstaltung und politische Bildung an Schulen durch einsatzerfahrene Veteraninnen und Veteranen.[72] Nun ist zu hoffen, dass andere Bundesländer diesem Beispiel folgen.

Das Berliner Veteranenbüro registriert auch zukünftig alle Veranstaltungen und Aktionen zum Veteranentag und bittet um die Zusendung entsprechender Informationen an: *Veteranentag@Bundeswehr.org*

Was bei der Ideensammlung des Deutschen Bundeswehr-Verbandes für den ersten nationalen Veteranentag auffiel, ist die überproportionale Nennung von Militärparaden. Ob über Online-Aufrufe, Social Media-Umfragen, Tagungen oder Gespräche – es war der mit Abstand am häufigsten kommunizierte Vorschlag. Das bestätigt auch eine illustrative Umfrage, die im Juli 2024 für 24 Stunden in einer Story auf der Social Media-Plattform Instagram gelauncht wurde.

Von 6.489 Nutzerinnen und Nutzern, die sich die Instagram-Story angesehen haben, nahmen 1.600 an der Umfrage teil. Das entspricht einer vergleichsweise hohen Antwortquote von knapp 25 Prozent, die allein als Indiz dafür gelten kann, dass es sich um ein emotionales Thema handelt, das aufwühlt und für Diskussionen sorgt. 88 Prozent der Teilnehmenden sprachen sich in der Umfrage für eine Militärparade am Veteranentag aus, lediglich 4 Prozent waren dagegen. 8 Prozent gaben an, sich unsicher zu sein.

Diese Ergebnisse sind insofern erstaunlich, als dass Militärparaden hierzulande lange als undenkbar galten und ähnliche Formate zuletzt auf geteilte Echos stießen: Als Soldatinnen und Soldaten des Wachbataillons während eines Großen Zapfenstreiches im Oktober 2021 vorm Reichstag in der

---

[72] Vgl. Schleswig-Holsteinischer Landtag (2024): Veteranentag: Der Norden beteiligt sich aktiv. Landtag.lths.de, 27.09.2024; Schleswig-Holsteinische Zeitung (2024): Landtag will Veteranentag in Schleswig-Holstein feiern. 28.09.2024, S. 8; Perske, Jasmina (2024): Es geht voran – Hand in Hand zum Veteranentag. BundeswehrVerband.de, 07.10.2024.

Dunkelheit Fackeln anzündeten, um eine besondere Atmosphäre zur Ehrung von Afghanistanveteraninnen und -veteranen zu schaffen, löste der TV-Satiriker Jan Böhmermann eine hitzige Debatte aus: Böhmermann tweetete, dass er „Fackelmärsche von Uniformierten vorm Reichstag richtig, richtig scheiße“ fände, „Egal, aus welchem Anlass.“[73] Offenbar fühlten er und andere Nutzerinnen und Nutzer sich durch die Bilder an die Wehrmachtstraditionen während des Zweiten Weltkrieges erinnert. Neben dem Hashtag #Bundeswehr trendete auf der Social Media-Plattform Twitter nach kurzer Zeit auch das Hashtag #Wehrmacht.[74]

Auch wenn die Vergleiche einer demokratischen Parlamentsarmee mit dem dunklen Kapitel des Nationalsozialismus unangemessen sind und viele Veteraninnen und Veteranen entrüstet reagiert haben dürften, muss man sie zur Kenntnis nehmen und bei Planungen berücksichtigen. Die angemessene Gestaltung eines Veteranentages obliegt eben nicht nur der Veteranenbewegung selbst, sondern gewinnt erst im Ringen und durch den Austausch verschiedener Akteure an Form. Es geht letztlich um eine wechselseitige Öffnung von Diskursräumen und eine engere Verzahnung zwischen Bundeswehr und Gesellschaft, woraus ein starkes Gemeinschafts- und Zusammengehörigkeitsgefühl erwachsen kann.

Natürlich sind weder die Aufrufe des Deutschen BundeswehrVerbandes noch die Ergebnisse der Umfrage bei Instagram repräsentativ. Jedoch zeigen sie eine klare Tendenz bei Bundeswehrangehörigen bzw. an der Bundeswehr interes-

---

[73] @janboehm am 13.10.2021 um 22:51 Uhr auf der Social Media-Plattform Twitter (heute X).

[74] Vgl. u.a. Stern (2021): Grosser Zapfenstreich. Mit Stahlhelmen und Fackeln vorm Reichstag – Bundeswehr in der Kritik. Stern.de, 14.10.2021; Landes, Leonhard & Wolf, Laura (2021): Zapfenstreich für Soldaten. „Vergleiche mit dem dunkelsten Kapitel Deutschlands enttäuschen uns“. Die Welt, 14.10.2021.

sierten und ihr nahestehenden Menschen. Bei all unseren Bündnispartnern sind Militärparaden am Veteranentag oder zu anderen Anlässen gang und gäbe. Auch deutsche Einsatzsoldatinnen und -soldaten sind beispielsweise 2023 in Litauen oder 2024 in der Slowakei bei internationalen Militärparaden mitmarschiert.

Ergebnis einer illustrativen 24 Stunden-Umfrage am 7. Juli 2024 in der Story der Social Media-Plattform Instagram (@marcel_bohnert) zur Frage eines Veteranentages mit Militärparade.

Die Begrüßung eines zurückgekehrten Einsatzverbandes auf der Straße des 17. Juni in Berlin ist auch hierzulande nicht abwegig. Der »Marsch zum Gedenken« belegt die positive Wahrnehmung durch die Bevölkerung bereits seit sieben Jahren. Es kommt wohl vor allem auf die Rahmenbedingungen an, unter denen eine solche Parade stattfinden würde. Entscheidend dürfte sein, auf allzu martialische

Darstellungsformen zu verzichten und die Streitkräfte stattdessen offen und zugewandt zu präsentieren. Es spricht einiges dafür, Paraden anfangs ohne Gefechtsfahrzeuge, ohne Fackelschein und am Tage stattfinden zu lassen. Ohnehin würde das dem Grundgedanken des positiven Volksfestcharakters am Veteranentag besser gerecht werden.

Eine Diskussion mit Bürgermeisterinnen und Bürgermeistern des Deutschen Städte- und Gemeindebundes zum Veteranentag zeigte, dass es bei seiner Operationalisierung wichtig ist, lokale Kulturen und Besonderheiten zu berücksichtigen. Was auf Bundesebene funktioniert, könnte regional scheitern und andersherum. In Garnisonsstädten gibt es beispielsweise tradierte Formen zur Durchführung von Feierlichen Gelöbnissen oder zur Verabschiedung von Einsatzverbänden. Die Zusammenführung von Veranstaltungen für Bundeswehrangehörige mit Angehörigen von Polizeien, Feuerwehren, Rettungskräften und anderen Blaulichtorganisationen ist regional häufig gelebte Praxis. Viele der anwesenden Bürgermeisterinnen und Bürgermeister hatten 2024 schon »Probeläufe« für den Veteranentag durchgeführt und dabei festgestellt, dass auch niedrigschwellige und aufwandsarme Veranstaltungen durch Veteraninnen und Veteranen als sehr gewinnbringend empfunden werden. Schon ein gemeinsamer Kaffee oder ein Bier, das gegenseitige Zuhören, der gemeinsame Besuch eines Gottesdienstes, ein Videostatement oder Glückwünsche via Social Media können eine enorme Bedeutung entfalten und die zivil-militärischen Bande stärken.[75]

Es ist zur künftigen Ausgestaltung des Veteranentages und der Veteranenkultur insgesamt anzumerken, dass die Bundeswehr selbst noch einige interne Aufgaben anzugehen hat – es gibt sichtlichen Nachholbedarf. Auch in der Truppe tut

[75] Vgl. Perske, Jasmina (2024): Es geht konsequent voran – Hand in Hand zum Veteranentag. Die Bundeswehr, 11, S. 37.

man sich teilweise noch schwer mit dem Veteranenbegriff und ist überfordert mit einer angemessenen Würdigung in den eigenen Reihen.

In vielen anderen Ländern gehören die Heldenverehrung und das Gefallenengedenken zur DNA von Streitkräften: Auf amerikanischen Dienstrechnern finden sich prominent platzierte digitale Reiter mit dem Titel »Wall of Heroes«. Dahinter verbergen sich Fotos von gefallenen Soldatinnen und Soldaten sowie Eckdaten ihres Lebens und eine Schilderung ihrer Todesumstände. Sogar Geschichten von »tierischen Kameraden« wie getöteten Kampfmittelspürhunden werden dort erzählt. Das mag einerseits bedrückend sein, andererseits bedarf es in kriegstüchtigen Streitkräften dieser Selbstverständlichkeit der Darstellung: Amerikanische Militärangehörige werden in ihrer täglichen Büroarbeit immer wieder an den Ernst des Auftrages, mögliche Konsequenzen ihrer Entscheidungen und ihre Mitverantwortung für das scharfe Ende des Soldatenberufes erinnert – mit einem gut sichtbaren digitalen Stolperstein.

Diese Form des beiläufigen Erinnerns zeigt sich auch in den Feldlagern und Vorposten in Auslandsmissionen: Wohntrakte, Fitnesshallen, Truppenküchen und andere Gebäude tragen die Namen Gefallener und sind dem Gedenken an amerikanische Kameradinnen und Kameraden gewidmet. Dadurch kommen nie Zweifel über die Gefahren von Missionen auf und auch keine Sorge darüber, dass diejenigen, die für ihren Einsatz den höchsten Preis zahlen mussten, jemals in Vergessenheit geraten.

In der Bundeswehr sind derartige Maßnahmen noch immer zu selten und zu häufig von Einzelinitiativen engagierter Bundeswehrangehöriger abhängig, die Sammlungen und Ausstellungen sowie Kasernenflure und Aufenthaltsräume gestalten. Dabei sind die Möglichkeiten oft sehr naheliegend und bedürfen keines größeren Aufwandes: Zeremonien zur

Verleihung des Veteranenabzeichens oder die Organisation von Veteranentreffen sollten für Verbände und Einheiten selbstverständlich sein. Ein aufrichtiges Interesse ließe sich im Bundesministerium der Verteidigung in Berlin zum Beispiel jedes Jahr aufs Neue dadurch demonstrieren, dass alle dort tätigen Menschen bei der Ankunft des »Marsches zum Gedenken« für ein paar Minuten ihre Schreibtische und Besprechungsräume verlassen und den Marschierenden im Innenhof des Bendlerblocks einen würdigen Empfang bereiten. Dasselbe gilt sinngemäß für die Abgeordneten des Deutschen Bundestages bei der Ankunft der Formation auf der Reichstagswiese.

Die feierliche Übergabe der ersten Veteranenabzeichen durch Ursula von der Leyen im Rahmen einer öffentlichen Zeremonie am »Tag der Bundeswehr« hat sich in der Folge übrigens nicht verstetigen können. Heute erhalten Antragsteller ihr Abzeichen nach Ausfüllen des entsprechenden Formblattes regelmäßig mit einem standardisierten Schreiben auf dem Postweg. Für die Anpassung dieser unangemessenen Praxis gibt es mittlerweile eine Reihe von Ideen und Initiativen.

Um einen Deutungsrahmen für die besonderen Erfahrungswelt von Veteraninnen und Veteranen zu schaffen, sollten offizielle Dokumente wie der Traditionserlass der Bundeswehr verstärkt auf diese Gruppe zielen und nicht den Anschein emotionsloser behördlicher Regulationspapiere erwecken, die vor allem dazu dienen, Zivilen die Angst vor dem Militär zu nehmen. Dass im Traditionserlass und auch in seiner inzwischen zurückgezogenen Ergänzung von 2024 an keiner Stelle von Veteraninnen oder Veteranen gesprochen wird, ist angesichts der Entwicklungen der letzten Jahre ohnehin schwer nachvollziehbar.

Auch zwischen Soldatinnen und Soldaten gibt es trotz aller kameradschaftlichen Verbundenheit häufig eine Sprachlosigkeit sowie Berührungsängste zwischen Älteren und Jüngeren, Dienstgradniedrigeren und Dienstgradhöheren, Verwundeten und Gesunden sowie Einsatzerfahrenen und Einsatzunerfahrenen. Richtig organisiert und gestaltet, hat der nationale Veteranentag das Potenzial, die verschiedenen Erfahrungsgruppen und Jahrgänge der Bundeswehr miteinander zu verbinden: Insbesondere kann es gelingen, Ehemalige mit aktiven Soldatinnen und Soldaten sowie junge Einsatzveteraninnen und -veteranen mit der Generation des Kalten Krieges zusammenzubringen. Dafür ist allerdings eine verstärkte Sensibilisierung und Wissensvermittlung an den Ausbildungs- und Lehreinrichtungen der Bundeswehr notwendig.

Auch in der Regelungs- und Vorschriftenlandschaft müsste sich wohl etwas tun: Im Ausland ist es oftmals guter Brauch, dass Ehemalige ihre früheren militärischen Kopfbedeckungen an Veteranentagen zur Zivilkleidung tragen. Auch hierzulande gibt es bereits Verbände und Vereine, bei denen das Tragen eines Baretts, einer Schirmmütze oder eines Schiffchens zu besonderen Anlässen üblich ist. Daneben werden bei diesen Gelegenheiten Orden und Ehrenzeichen wie beispielsweise die Einsatzmedaillen an der zivilen Bekleidung getragen. Damit diese Praxis nicht nur toleriert, sondern offiziell akzeptiert und aktiv gefördert wird, sollten die entsprechenden formalrechtlichen Grundlagen geschaffen werden.

Zum Nachweis des Veteranenstatus erscheint zudem die Einführung eines Veteranenausweises oder einer Veteranenkarte unabdingbar. Diese Thematik ist nicht banal, da zwar aktive Soldatinnen und Soldaten über einen Truppenausweis verfügen, jedoch nur ein Teil der Ehemaligen einen Reservistenausweis besitzt. In den USA gibt es etwa eine »Veteran ID Card«, in Großbritannien eine »Veterans Railcard«, in Australien eine »Veteran White/Gold/Orange Card«, in Frankreich eine »Carte du Combattant«, in den Niederlanden einen »Veteranenpas« und in Kanada eine »Veterans Service

Card«, die jeweils mit bestimmten Vorteilen, Vergünstigungen oder Ansprüchen verbunden sind. Das Spektrum reicht dabei von medizinischer Versorgung über Steuervergünstigungen und Elternschaftsdarlehen bis hin zu Ermäßigungen für Produkte und Dienstleistungen.

Fälle von »Stolen Valor«, bei denen sich Ungediente als ehemalige Soldatinnen oder Soldaten ausgeben oder Veteraninnen und Veteranen sich zu Unrecht mit militärischen Leistungen rühmen und Auszeichnungen oder Ehrungen vortäuschen, werden sich nie ganz vermeiden lassen. Diese Fälle werden dokumentiert, seit es Uniformen gibt. Erst im September 2024 fiel eine Journalistin auf einen Rollstuhlfahrer und vermeintlichen Träger des Bundesverdienstkreuzes herein, der ihr Erlebnisse über mehrfache Verwundungen als Scharfschütze und Elitekämpfer des Kommandos Spezialkräfte schilderte, die sich schon nach einem kurzen Abgleich von Einsatzländern und -daten als Unsinn erkennen ließen.[76] Durch die absehbare Stärkung der Veteranenbewegung und mögliche Vorzüge, die ein Veteranenstatus zukünftig mit sich bringt, wird sich die Anzahl potenzieller Trittbrettfahrer vermutlich erhöhen. Neben dem Erschleichen unberechtigter Vorteile könnten sie die Reputation und Integrität von Veteraninnen und Veteranen schädigen. In Sozialen Medien haben sich international und national privat betriebene »Stolen Valor Hunter«-Accounts etabliert, die sich Verdachtsfälle melden lassen und eigene Recherchen vornehmen. Geplant ist, sich dem Themenkomplex während der Workshopphase des nationalen Veteranenkongresses 2025 zu widmen.

---

[76] Vgl. Eberth, Carolin (2024): Auch im Rollstuhl noch ein Kämpfer. Verwundeter Ex-Elitesoldat wirbt für Respekt für Soldaten. Hessische/Niedersächsische Allgemeine, 28.09.2024, S. 2; Eberth, Carolin (2024): Eine Frage der gestohlenen Ehre. Hessische/Niedersächsische Allgemeine, 31.10.2024, S. 9.

Die Veteranenbewegung muss darüber hinaus in ihren eigenen Strukturen dafür werben, Aktionen und Veranstaltungen, die sich in den letzten Jahren bereits als feste Bestandteile der nationalen Veteranenkultur etabliert haben, zu bündeln und jährlich um den 15. Juni herum zu konzentrieren. Dass Aktionen und Events bisweilen mangelnde politische und mediale Aufmerksamkeit erhalten, liegt auch daran, dass sie über das gesamte Jahr verteilt stattfinden und dadurch stark mit anderen wichtigen Themenfeldern und Veranstaltungen konkurrieren. Bedeutende Veranstaltungen wie der »Marsch zum Gedenken« finden in der Ferienzeit und außerhalb der parlamentarischen Sitzungswochen statt, was einer der Gründe für die begrenzte Repräsentanz von Vertreterinnen und Vertretern des Bundestages oder anderer wichtiger Organe sein dürfte. Die Durchführung von Märschen, Gedenkveranstaltungen, Motorradcorsos und anderen Initiativen im Zuge des Veteranentages wäre ein landesweites »Agenda Setting«, dem sich Politik und Medien kaum entziehen könnten. Hier zeichnen sich für die kommenden Jahre teils schmerzhafte emotionale Prozesse ab, die aber im Sinne der gemeinsamen strategischen Ziele angegangen werden müssen.

Dabei sollte auch eine mittel- bis langfristige Zusammenlegung des Veteranentages mit dem »Tag der Bundeswehr« nicht kategorisch ausgeschlossen werden.[77] Auch wenn der Veteranentag explizit kein Tag von der Bundeswehr für die Bundeswehr werden soll: Gerade zu Beginn wird eine »Starthilfe« durch die Streitkräfte sowie Stiftungen und Vereine notwendig sein. Durch ihre flächendeckende Vernetzung können Landeskommandos, Kreis- und Bezirksverbindungskommandos, Truppen- und Standortkameradschaften, Patengemeinden, Reservistenkameradschaften und die

[77] Zur Sorge der aktiven Truppe vor möglichen Mehrbelastungen durch einen Veteranentag: Vgl. Werner, Julian (2024): Brauchen wir einen Veteranentag? Pro und Contra. Loyal, Magazin für Sicherheitspolitik, 1, S. 7.

regionalen Strukturen der Heimatschutzkräfte maßgeblich zu seinem Gelingen beitragen. Gleichwohl sollte eine übereilte Zusammenlegung mit dem »Tag der Bundeswehr« vermieden werden. Sie wäre gerade in der Etablierungsphase ungünstig; denn wahrscheinlich würde die Bundeswehr und nicht die gewünschten zivilgesellschaftlichen Akteure den Veteranentag gleich zu Beginn überwiegend ausgestalten und auch künftig als hauptverantwortlich betrachtet werden.

Selbst wenn es mit Blick auf die Veteranentage anderer Nationen mittelfristig vermutlich ohnehin auf ein Gemeinschaftsprojekt zwischen Streitkräften, bundeswehrnahen Vereinen und zivilgesellschaftlichen Akteuren hinausläuft, sollte die Maßgabe eines Tages »von der Gesellschaft für die Bundeswehr« bestmöglich aufrechterhalten werden. Angesichts der hohen militärischen Auftragslast in der Zeitenwende wird es dabei in der Praxis wohl auch weniger um eine Zusammenlegung als vielmehr um eine deutliche Reduzierung des Aufwandes am »Tag der Bundeswehr« gehen: Im Spannungsfeld zwischen Aufträgen und Mitteln agiert die Bundeswehr aktuell permanent an ihrer Belastungsgrenze. Sie gewährleistet den Betrieb der logistischen Drehscheibe im Rahmen des »Operationsplanes Deutschland«, treibt den Aufbau einer robusten Kampfbrigade in Litauen voran, bildet ukrainische Soldatinnen und Soldaten aus, ist weiterhin in Auslandseinsätzen aktiv, baut den bundesweiten Heimatschutz auf, leistet Amtshilfe bei Naturkatastrophen, bereitet die Einführung des neuen Wehrdienstmodelles vor und befindet sich in einer laufenden Umstrukturierung ohne Ordnungshalt. Für diese umfangreichen Aufgaben fehlen ihr das notwendige Material und Personal sowie die Infrastruktur und vor allem die finanziellen Mittel. Um den »Tag der Bundeswehr« im bisherigen Umfang auch weiterhin durchführen zu können, würden die Streitkräfte absehbar mehr Ressourcen benötigen. Bisherige Aktivitäten ließen sich stattdessen in den Veteranentag, bei dem die Truppe ohnehin anteilig engagiert sein wird, integrieren.

Zur weiteren Stärkung der festen Strukturen für Veteraninnen und Veteranen könnte in den kommenden Jahren ein Ausbau des neuen deutschen Veteranenbüros oder eine Zentralisierung ähnlicher Begegnungs- und Informationsstätten erfolgen. Als herausragendes Beispiel für die Bündelung von Kompetenzen gilt das 2021 gegründete Veteraneninstitut in den Niederlanden. Es fördert nicht nur die Anerkennung, Wertschätzung und Fürsorge von bzw. für Veteraninnen und Veteranen sowie deren Familien, sondern ist gleichzeitig Informationszentrum und führt themenbezogene Forschungen durch.

Das erste Veteranenbüro Deutschlands wurde im Januar 2024 unter Anwesenheit von Politik und Medien als auf drei Jahre angelegtes Pilotprojekt vorgestellt. Es ist als niedrigschwellige Anlaufstelle für Veteraninnen und Veteranen gedacht und soll einen ungezwungenen Austausch mit interessierten Besucherinnen und Besuchern ermöglichen. Zudem ist die weiterführende konzeptionelle Arbeit mit direktem Bezug zu Betroffenen geplant. Das Büro wirkte anfangs etwas steril, ist inzwischen durch die hochengagierten Mitarbeiterinnen und Mitarbeiter jedoch mit Bildern des Fotoprojektes »Gesichter des Lebens«, Wappen und Symbolen der Veteranenbewegung sowie Kunstobjekten ausgestattet worden. Interessierte sind aufgerufen, auch ohne Termin vorbeizukommen – das Versprechen ist, dass jeder Besucherin und jedem Besucher ein Kaffee, ein Rundgang und ein Gespräch angeboten wird. Der mit Informationsmaterialien ausgestattete »Veteranentruck« des Büros gewährleistet eine bundesweite Mobilität und bietet Möglichkeiten zum dezentralen Austausch. Inzwischen ist er auf zahlreichen Tagen der offenen Tür und anderen Veranstaltungen mit Bundeswehrbezug unterwegs, um über das Veteranenthema aufzuklären. Er erfreut sich dabei regelmäßig großen Andrangs.

Die Ankündigungen militärkritischer Akteure, Initiativen gegen den Veteranentag zu starten, müssen unterdessen ernst genommen werden. Bewusste Provokationen bei öffentlichen Veranstaltungen und mögliche Verwicklungen von Veteraninnen und Veteranen können im Zeitalter von Social Media in Quasi-Echtzeit zusammengeschnitten und veröffentlicht werden. Dadurch lassen sich schnell unerfreuliche Bilder und missliche Narrative erzeugen, durch die Druck auf die politischen Unterstützer und die Veteranenbewegung erzeugt werden kann. Diese Risiken gilt es zu berücksichtigen, allerdings ohne daraus abzuleiten, sich abzuschotten und hinter hohen Zäunen und langwierigen Einlasskontrollen zu verstecken. Der Veteranentag soll im Herzen unserer Demokratie und in der Mitte der Gesellschaft stattfinden. Es kommt nunmehr auf das Durchhaltevermögen und die mutige Bereitschaft der Politik an, ihrer Verantwortung für Veteraninnen und Veteranen auch gegen mögliche Widerstände gerecht zu werden.

Die Ausgestaltung des Veteranentages ist – so wie eine anerkennende und wertschätzende Veteranenpolitik insgesamt – ein fortlaufender Aushandlungs- und Klärungsprozess zwischen Politik, Bundeswehr und Gesellschaft. Dieser dürfte weder konfliktfrei verlaufen noch kurz- oder mittelfristig abschließbar sein.[78] Im Diskurs wird es daher sicher von Zeit zu Zeit ratsam sein, bei allen Beteiligten etwas Demut vor der Aufgabe anzumahnen.

---

[78] Vgl. Seiffert, Anja (2016): „Das Problem wieder hier anzukommen" – Einsatzrückkehrer und Gesellschaft, in: M. Bohnert & B. Schreiber (Hrsg.): Die unsichtbaren Veteranen. Kriegsheimkehrer in der deutschen Gesellschaft. Miles: Berlin, S. 137.

7 Ausblick: Eine Bewegung im Aufbruch

In der Gesamtschau zeichnet sich in Deutschland derzeit das Bild einer Veteranenbewegung im Aufbruch ab. Durch vielfältige, kreative Kampagnen und Initiativen ist es ihr in den letzten Jahren gelungen, gesellschaftliche und mediale Aufmerksamkeit auf ihre Anliegen zu lenken und ihre Unterstützungsbasis zu erweitern. Nach der Vereinbarung gemeinsamer Forderungen 2022 und der Demonstration ihrer Geschlossenheit auf dem nationalen Veteranenkongress 2024 ist die Bewegung weitgehend geeint und konsolidiert. Im Zusammenwirken mit der Politik und wichtigen Unterstützerinnen und Unterstützern aus der Zivilgesellschaft sind ihr zuletzt große Schritte gelungen. Die Einführung des nationalen Veteranentages ist bislang der stärkste Beleg für den Erfolg des zielgerichteten Zusammenwirkens der Akteure in der Veteranenbewegung.

Der Aufbruch strahlt bereits auf die Gesellschaft aus: Aktuelle Forschungsbefunde belegen die fortschreitende Etablierung des Veteranenbegriffes. Während 2012 lediglich 28 Prozent der Bevölkerung angaben, den Ausdruck »Veteran« in einem aktuellen Kontext gehört zu haben, waren es im Jahr 2021 schon 49 und im Jahr 2022 bereits 57 Prozent. 2023 wuchs der Anteil noch einmal auf 60 Prozent.[79]

Die aktuelle Re-Fokussierung der Streitkräfte auf die Landes- und Bündnisverteidigung ist angesichts der Bedrohungslage an der europäischen Ostflanke alternativlos, birgt allerdings auch die Gefahr einer fortschreitenden Marginalisierung von vergangenen Auslandseinsätzen. Deutsche Soldatinnen und Soldaten wurden seit Beginn der 1990er Jahre über 530.000-

[79] Vgl. Graf, Timo (2024): Was bleibt von der Zeitenwende in den Köpfen? Sicherheits- und verteidigungspolitisches Meinungsbild in der Bundesrepublik Deutschland 2023. Forschungsbericht 136. Zentrum für Militärgeschichte und Sozialwissenschaften der Bundeswehr: Potsdam, S. 41ff.

mal in Krisen- und Kriegsgebiete entsandt.[80] Dennoch drohen mit zunehmendem zeitlichem Abstand selbst extreme Erfahrungen, wie die des Kampfeinsatzes in Afghanistan, sukzessive überlagert zu werden. Auch ihre Folgen für die Soldatinnen und Soldaten könnten damit in Vergessenheit geraten.

Die mit Russlands Angriff auf die Ukraine ausgelöste Zeitenwende hat nach drei Jahrzehnten das vorläufige Ende der Phase der großen Auslandseinsätze eingeleitet. Neben dem Ende der Afghanistan-Mission ist auch der Abzug deutscher Soldatinnen und Soldaten aus dem westafrikanischen Mali 2023 ein wichtiges Indiz für diesen Wandel.[81]

Das Kapitel des Internationalen Krisenmanagements darf für die Bundeswehr dennoch nicht geschlossen werden. Die anhaltende fragile Lage in Staaten der afrikanischen Sahel-Zone oder immer wieder eskalierende Konflikte im Nahen und Mittleren Osten wirken sich auf die globale Sicherheit und die internationalen Beziehungen aus. Als wirtschaftsstarke Nation in der Mitte Europas wird das Engagement Deutschlands in vielen Krisen- und Konfliktregionen dieser Welt weiterhin gefragt bleiben. Die Gruppe der Veteranin-

---

[80] Die Zahl der Entsendungen berücksichtigt keine Mehrfachteilnahmen. Insgesamt haben seit 1992 rund 225.000 Soldatinnen und Soldaten mindestens einmal an einem Auslandseinsatz oder einer Mission teilgenommen (Vgl. Deutscher Bundestag (2024): Antwort der Bundesregierung auf die Kleine Anfrage der Abgeordneten René Springer, Rüdiger Lucassen, Gerold Otten, weiterer Abgeordneter und der Fraktion der AfD. Drucksache 20/12733. 28.04.2024, S. 2ff.).

[81] Auch in Mali hatte die Bundeswehr Getötete und Verwundete zu beklagen, auch wenn sich der Einsatz in seiner Dimension kaum mit der Afghanistan-Mission vergleichen lässt. Wie bereits im Prolog des Buches erwähnt, sind beim Absturz eines Kampfhubschraubers 2017 zwei deutsche Soldaten ums Leben gekommen. 2021 wurden bei einem Selbstmordanschlag zwölf deutsche Soldaten verwundet, drei von ihnen schwer.

nen und Veteranen mit Einsatzerfahrungen wird also weiter wachsen.

Eine politisch, gesellschaftlich und militärisch unterstützte, lebendige Veteranenkultur leistet einen wichtigen Beitrag zur Wehrhaftigkeit Deutschlands. Nicht nur deshalb muss die Zeitenwende auch die Veteranenpolitik und -kultur einbeziehen. Die Deutschen würden von einer stärkeren Anerkennung und Wertschätzung ihrer Veteraninnen und Veteranen profitieren. Diese sind in einer Zeit, in der der deutsche Staat insgesamt verteidigungsfähig werden muss, wichtige Multiplikatoren. Richtig eingebunden, können sie in einer sich zunehmend polarisierenden Gesellschaft echte Integrationsmotoren und Stabilitätsanker sein: Alle Veteraninnen und Veteranen haben einen Diensteid geleistet und sind damit ein wechselseitiges Treueverhältnis mit dem Staat eingegangen. Während ihrer Dienstzeit wurden sie staatsbürgerlich, politisch und ethisch gut ausgebildet. Sie waren bereit, ihr Leben in den Dienst der Gemeinschaft zu stellen, teils über viele Monate in den gefährlichsten Krisen- und Konfliktregionen dieser Welt. Diese Bereitschaft werden viele auch künftig noch haben.

Wenn Soldatinnen und Soldaten zudem signalisiert wird, dass die Nation hinter ihnen steht und sie im Falle einer Verwundung oder Traumatisierung auffängt, werden sie daraus Kraft und Motivation für ihren Dienst schöpfen. Aus einem solchen Verhältnis dürfte ganz nebenbei auch ein starkes Signal für die Attraktivität der Truppe mit Auswirkungen auf die Personalbindung und die Nachwuchsgewinnung ausgehen.

Nach dem katastrophalen Ende des Afghanistan-Einsatzes und der zügigen Machtübernahme durch die Taliban erlebten viele Einsatzveteraninnen und -veteranen nachträglich einen Sinnverlust. Auch deshalb kann die politische Aufarbeitung von Auslandseinsätzen als Teil einer verantwortungsvollen Veteranenpolitik betrachtet werden. Sie hat in Deutschland inzwischen begonnen: Im Sommer 2022 wurde durch den Bundestag eine Enquete-Kommission eingesetzt, die aus dem deutschen Engagement in Afghanistan Lehren für die Außen- und Sicherheitspolitik sowie die künftige Beteiligung an Missionen in internationalen Krisenregionen ziehen soll. Im Zwischenbericht der Kommission wurde die politische Verantwortung für das strategische Scheitern des Afghanistan-Einsatzes bereits anerkannt.[82] Ebenfalls im Sommer 2022 wurde darüber hinaus ein Untersuchungsausschuss zur Aufarbeitung der Geschehnisse in Zusammenhang mit dem Abzug der Bundeswehr aus Afghanistan und der anschließenden Evakuierungsoperation eingerichtet. Auf Grundlage der Untersuchungsergebnisse soll der Ausschuss Schlussfolgerungen ziehen und Empfehlungen aussprechen.

Es ist jetzt wichtig, die Erkenntnisse und Erfahrungen dreier Dekaden internationalen Engagements in Krisen- und Kriegsregionen auf die Landes- und Bündnisverteidigung zu übertragen, ohne gedanklich in den Besonderheiten asymmetrischer Konflikte verhaftet zu bleiben. Dazu muss auch eine kritische Novellierung der Einsatzversorgung gehören. Die starke Fokussierung der in diesem Buch geschilderten Veteranenarbeit auf die »Anerkennung und Wertschätzung« soll nicht darüber hinwegtäuschen, dass parallel dazu das Wirkungsfeld »Betreuung und Fürsorge« ebenfalls weiter vorangetrieben werden muss. Im Beschlussantrag der Bundestagsfraktionen von SPD, CDU/CSU, Bündnis 90/Die Grünen und FDP zum nationalen Veteranentag wird explizit auch die „Verbesserung der Nachsorge von im Dienst, besonders im Auslandseinsatz, erlittenen Schädigungen" gefordert. Als Beispiele werden unter anderem Rehabilitationsmaßnahmen, Therapieangebote, Betreuungskonzepte und

[82] Vgl. Deutscher Bundestag (2024): Zwischenbericht der Enquete-Kommission Lehren aus Afghanistan für das künftige vernetzte Engagement Deutschlands. Drucksache 20/10400. 19.02.2024, S. 52f.

Ansprechstellen für Geschädigte und deren Angehörige aufgeführt.

Auch in diesem Feld gibt es inzwischen Bewegung: Das Soldatenentschädigungsgesetz, das zum Jahresbeginn 2025 in Kraft tritt, soll die fragmentierte Gesetzeslage der Einsatzversorgung bündeln und damit die Ausgestaltung der Ansprüche auf Entschädigung für Soldatinnen und Soldaten sowie deren Angehörige und Hinterbliebene transparenter machen. Die damit einhergehenden Vereinfachungen werden den Beratungsbedarf für Betroffene mittelfristig verringern. Zudem sollen eine Beschleunigung der Verwaltungsverfahren sowie eine Erhöhung der Qualität von Verwaltungsentscheidungen erreicht werden. Damit wird der Forderung des »Veteranenflyers« nach Bürokratieabbau entsprochen, auch wenn noch abzuwarten bleibt, wie sich die angedachten Verbesserungen in der Praxis umsetzen lassen. Mittels des Soldatenentschädigungsänderungsgesetzes sollen zeitgleich die notwendigen Anpassungen vor dem Hintergrund der Überführung der Beschädigtenversorgung aus dem Soldatenversorgungsgesetz vorgenommen werden. Zudem sollen mit dem »Artikelgesetz Zeitenwende«[83] die Einsatzversorgung auf Übungen und Inlandseinsätze erweitert und Entschädigungsleistungen für Betroffene und Hinterbliebene erhöht werden. Der Gesetzentwurf befindet sich derzeit im parlamentarischen Verfahren und tritt bei erfolgreichem Verlauf voraussichtlich im ersten Halbjahr 2025 in Kraft.

Die Ende September 2024 gegründete »AG Veteranen« des Deutschen Bundestages will sich in ihrer Arbeit insbesondere der Umsetzung des Veteranentagsbeschlusses, des Soldatenentschädigungsgesetzes, des Soldatenversorgungs-

---

[83] Im Original: „Gesetz zur weiteren Stärkung der personellen Einsatzbereitschaft und zur Änderung von Vorschriften für die Bundeswehr".

gesetzes sowie des Einsatzweiterverwendungsgesetzes widmen.

Trotz der enormen Bedeutung dieser Fortschritte und des unschätzbaren Wertes für die Lebenssituationen von Betroffenen und ihren Angehörigen darf die Debatte nicht ausschließlich auf den »Opferdiskurs« und die psychosoziale Versorgung von Heimkehrenden beschränkt bleiben. Eine Psychologisierung des Diskurses geht an der komplexen Frage der gesellschaftspolitischen Verantwortung für eine Parlamentsarmee vorbei.[84]

Nach der Überzeugung vieler handelnder Akteure der Veteranenbewegung gilt es, Maßnahmen zur Verbesserung der Betreuung und Fürsorge immer zusammen mit denen zur Steigerung von Anerkennung und Wertschätzung zu denken. Sie bedingen einander. Das eine Wirkungsfeld kann nicht isoliert vom anderen betrachtet werden: Einerseits drücken Verbesserungen in der Einsatzversorgung auch immer den Respekt und die Wertschätzung militärischer Leistungen für die Gemeinschaft aus. Wertschätzende Rituale und gesellschaftliche Ehrungen leisten andererseits einen wichtigen Beitrag zur mentalen Genesung von Einsatzrückkehrenden, Traumatisierten und Hinterbliebenen.

Ein greifbares Datum mit starker Symbolkraft, an dem gezeigt wird, dass Heimkehrenden ein Platz in der gesellschaftlichen Mitte gewährt wird, kann Heilungsprozesse begünstigen und Identität schaffen. Auch deshalb ist ein würdiger Veteranentag in unserem Land so wichtig. Er hat das Potenzial, einander fremde Lebens- und Erfahrungswelten zusammenzubringen. Die Stärkung einer nationalen Veteranenkultur kann zudem neuen Schwung in die verstaubte Traditions-

---

[84] Vgl. Seiffert, Anja (2016): „Das Problem wieder hier anzukommen" – Einsatzrückkehrer und Gesellschaft, in: M. Bohnert & B. Schreiber (Hrsg.): Die unsichtbaren Veteranen. Kriegsheimkehrer in der deutschen Gesellschaft. Miles: Berlin, S. 134ff.

debatte der Bundeswehr bringen; sie ist ein wichtiges Element der bundeswehreigenen Tradition.

Die Ausgestaltung des nationalen Veteranentages in den kommenden Jahren ist der ultimative Praxistest für die Ernsthaftigkeit, mit der das Thema politisch und gesellschaftlich forciert wird. Der Beschluss des Deutschen Bundestages stellt ein historisches Momentum im Verhältnis von Bundeswehr und Gesellschaft dar, dessen Tragweite und Bedeutung kaum hoch genug eingeschätzt werden können. Wenn es gelingt, diesen Tag mit Leben zu füllen, kann er sich im kulturellen Gedächtnis unseres Landes etablieren und Ausgangspunkt für einen Paradigmenwechsel im gesellschaftlichen Umgang mit aktiven und ehemaligen Bundeswehrangehörigen werden.[85]

Es mag etwas pathetisch klingen, aber wenn es Politik und Veteranen jetzt gelingt, den Schwung im Thema zu nutzen und die eigenen Ziele hartnäckig weiter zu verfolgen, werden sich zukünftige Soldatengenerationen noch an diese Zeit erinnern – als Ausgangspunkt für einen echten Wandel.

---

[85] Vgl. Kormbaki, Marina (2024): Land der Veteranen. Spiegel.de, 25.04.2024.

8 Epilog: „Fröhlichen Veteranentag!“

Dieses Buch erscheint Anfang Dezember 2024 anlässlich einer »Tagung mit Einsatzveteranen und Verwundeten« im Deutschen Bundestag. Geladen sind knapp 40 Veteraninnen und Veteranen, darunter Träger des Ehrenkreuzes der Bundeswehr für Tapferkeit, Einsatzveteranen verschiedener Auslandsmissionen, Soldaten, die bei Ansprengungen Gliedmaßen verloren haben, die angeschossen wurden oder deren Leben unter der schweren Last düsterer Erinnerungen aus den Fugen geraten ist.

Wir empfangen Teilnehmerinnen und Teilnehmer der Invictus Games, Militärwissenschaftler, Vertreter des Veteranenbüros, Angehörige des holländischen Veteraneninstituts und eine Bundeswehrärztin, die alternative Heilmethoden an Verwundeten und Traumatisierten praktiziert. Wir werden dem Erfahrungsbericht eines Hauptmannes lauschen, der sich nach einem unerwarteten Anruf im August 2021 binnen weniger Stunden inmitten der Evakuierungshölle der afghanischen Hauptstadt Kabul wiederfand. Und wir treffen auf mehrere Bundestagsabgeordnete, die sich unserer Themen mit Leidenschaft angenommen haben.

Wir haben all diese Menschen eingeladen, um mit ihnen darüber zu sprechen, wie wir den ersten nationalen Veteranentag gestalten können. Wir werden einen 192 Tage-Countdown starten und vereinbaren, wie wir die verbleibende Zeit nutzen und was wir noch tun können, um ihn gemeinsam zum Leben zu erwecken und nicht wie eine leidenschaftslose Pflichtübung aussehen zu lassen.

Danach geht es Schlag auf Schlag weiter: Im Januar 2025 wird das Veteranenbüro in Berlin sein einjähriges Jubiläum feiern, Mitte Februar wird eine deutsche Mannschaft an der Winter Edition der Invictus Games in Kanada teilnehmen, und Ende Februar werden sich alle Akteure der deutschen

Veteranenbewegung zum zweiten nationalen Veteranenkongress im Herzen der Hauptstadt zusammenfinden. Knapp vier Monate vor dem ersten Veteranentag soll dort ein Abgleich aller Initiativen vorgenommen werden und deren Synchronisation und Harmonisierung erfolgen. Zudem werden wir uns mit der Einführung eines Veteranenausweises sowie einem gemeinsamen Veteranentagslogo befassen.

Ich hatte an einem Wochenende im Juni 2024 das Glück, mit einer Delegation das niederländische Veteraneninstitut in Doorn zu besuchen und an den Feierlichkeiten zum 20. Veteranentag in Den Haag teilnehmen zu können. Im Mittelpunkt unseres Aufenthalts stand das Sammeln von Inspirationen für eine angemessene Umsetzung des nationalen Veteranentages in Deutschland. Der Veranstaltungstag wurde mit einer festlichen Zeremonie unter Anwesenheit von König Willem-Alexander, der niederländischen Verteidigungsministerin Kajsa Ollongren sowie wichtigen Repräsentantinnen und Repräsentanten aus Politik, Wirtschaft und Militär eröffnet. Dabei wurden Einsatzmedaillen an ausgewählte Rückkehrinnen und Rückkehrer aus den Einsatzgebieten der niederländischen Streitkräfte verliehen.

Anschließend fand eine farbenfrohe Parade statt, an der knapp 4.000 Veteraninnen und Veteranen, begleitet von Gefechtsfahrzeugen, Überflügen und Musikkapellen teilnahmen. Den begeisterten Zuschauerinnen und Zuschauern auf den Straßen Den Haags wurden dabei über mehrere Stunden soldatische Verbände, Veteranenvereine sowie historische und moderne Militärausrüstung präsentiert.

Im Anschluss an die Parade strömten Teilnehmende und Zuschauer auf eine riesige Festwiese, auf der ein umfangreiches Rahmenprogramm geboten wurde: Es präsentierten sich unterschiedlichste militärische und zivilgesellschaftliche Akteure. Auf einer großen Bühne liefen Live-Programme und Musikkonzerte, während hippe Bars und Foodtrucks für das leibliche Wohl sorgten. Die Kombination aus Zeremonie, Militärparade und feierlichem Abschluss hat den niederländischen Veteranentag für uns zu einem einzigartigen und unvergesslichen Erlebnis gemacht.

Während des Austausches mit unseren Gastgebern haben wir ihnen die Frage gestellt, welches Vorgehen sie uns auf Grundlage ihrer Erfahrungen beim Ausbau unserer eigenen Veteranenkultur empfehlen würden. Dabei waren sie in der Abwägung zwischen einem behutsamen Aufwachsen lassen des Veteranentages und einem »All In« sehr deutlich: Ihrer Ansicht nach sollten wir versuchen, von Beginn an so viele Maßnahmen wie möglich umzusetzen und größtmögliche Aufmerksamkeit auf das Thema zu lenken. Ein allzu lascher Start würde lautstarke Kritikerinnen und Kritiker auf den Plan rufen und die Entwicklung womöglich um Jahre verzögern.

Ebenso eindeutig waren die Vertreter des Veteraneninstituts bei der Frage, ob wir anlässlich des Veteranentages eine Militärparade fordern sollten. Sie waren fest davon überzeugt, dass es für eine demokratische Armee wie die Bundeswehr in einem Land mit einer 75-jährigen Verfassung längst an der Zeit dafür wäre.

Nach all diesen Eindrücken und Hinweisen war unserer Delegation klar, dass es nun auch an uns liegt, daraus etwas Positives zu machen. Wir sind Multiplikatoren mit der Aufgabe, die Atmosphäre und die Eindrücke aus Den Haag zu den wesentlichen politischen, militärischen und gesellschaftlichen Akteuren nach Deutschland zu transportieren und Überzeugungsarbeit auf allen Ebenen zu leisten. Im Grunde ist es unsere Mission, eine Vision zu kommunizieren. Das haben wir seitdem auf vielen Ebenen versucht und versuchen es weiterhin. Auch mit diesem Buch.

Setzen wir also als Gesellschaft gemeinsam ein Zeichen für unsere Veteraninnen und Veteranen – damit es ab 2025 auch durch die Städte und Dörfer unseres Landes schallt:

**„Wir wünschen euch
einen fröhlichen Veteranentag!“**

Ergänzende Informationen

Zum Autor

Marcel Bohnert, Dipl.-Päd., M.A. ist Oberstleutnant im Generalstabsdienst der Bundeswehr und stellvertretender Vorsitzender des Deutschen BundeswehrVerbandes. Er diente 1999/2000 als Gruppenführer im Kosovo, 2011/2012 als Kompaniechef in Afghanistan und 2023 als Militärberater im Irak. Bohnert hat zahlreiche Bücher und Beiträge zu den Auslandseinsätzen der Bundeswehr und zur militärischen Führungskultur publiziert. Er gilt in der aktuellen Veteranendiskussion als führender Experte und engagiert sich seit vielen Jahren intensiv für die Anliegen von Einsatzrückkehrenden und ihren Angehörigen.

Zum Autor des Vorwortes

Generalleutnant a.D., Dipl.-Kfm., MSS Bruno Kasdorf diente als Zugführer, Kompaniechef und Bataillonskommandeur der Panzergrenadiertruppe. Er war Brigade- und Divisionskommandeur sowie Stellvertretender Befehlshaber des Heeresführungskommandos. In seinen letzten fünf Dienstjahren war er Stellvertreter des Inspekteurs des Heeres und Inspekteur des Heeres. Neben seiner Ausbildung in Deutschland besuchte er das U.S. Command and General Staff College sowie das U.S. Army War College. Im Auslandseinsatz war er als Chef des Stabes der Stabilisation Force (SFOR) in Bosnien und Herzegowina von November 2002 bis Juni 2003 sowie in Afghanistan als Chef des Stabes der International Security Assistance Force (ISAF) in Kabul 2007 und 2010. Ein Viertel seiner Dienstzeit hat Kasdorf an der Spitze des deutschen Heeres verbracht. Kaum ein deutscher General hat die Entwicklung dieser Teilstreitkraft in der Zeit von 2003 bis 2015 so hautnah miterlebt und begleitet wie er.

#GemeinsamStark

Die Autoren bedanken sich für die Unterstützung durch Austausch, Inspiration und Durchsicht des Manuskriptes bei Jasmina Perske, Charlotte Kuhnt, Uwe Köpsel, Lena Pütz, Elaina Sophie Kroll, Cinzia Elisabeth Kroll, Katja Gersemann, Jan Meyer, Sascha Eutebach und Uwe Hartmann.

Zusammenfassung

Über 30 Jahre Auslandseinsätze haben die Bundeswehr entscheidend geprägt und verändert. Heimkehrer strömten mit teils intensiven Erfahrungen zurück nach Deutschland, ohne dass ihnen eine besondere politische oder gesellschaftliche Aufmerksamkeit zuteilgeworden ist. Dieser Mangel an Wahrnehmung und der Leidensdruck von Verwundeten und Traumatisierten haben dazu geführt, dass sich Betroffene in Vereinen und Initiativen zusammengeschlossen haben, um auf die Situation von Veteraninnen und Veteranen aufmerksam zu machen. Dadurch formen sie seit einigen Jahren eine neue deutsche Veteranenkultur. Zuletzt haben sich die wesentlichen Akteure der Bewegung zusammengeschlossen und gemeinsam Forderungen für eine zukunftsgerichtete Veteranenpolitik formuliert. Die Eröffnung eines Veteranenbüros in Berlin und die Einführung eines nationalen Veteranentages zeigen inzwischen, dass das konsolidierte Vorgehen erfolgreich ist. Wenn es der Politik und der Veteranenbewegung auch weiterhin gelingt, das derzeitige Momentum zu nutzen, kann es Ausgangspunkt für einen echten Wandel im Umgang mit Veteraninnen und Veteranen werden.

Schlüsselwörter

Veteranen, Einsatzveteranen, Veteranenkultur, Veteranenpolitik, Bundeswehr, Afghanistan

Summary

Over 30 years of foreign deployments have significantly shaped and changed the Bundeswehr. Returnees have come back to Germany with sometimes intense experiences, receiving little political or societal attention. This lack of recognition and the suffering of the wounded and traumatized have led to those affected forming associations and initiatives to raise awareness about the situation of veterans. As a result, they have been shaping their own German veteran culture for some years now, which manifests itself in diverse ways. Recently, the key players in this movement have united and articulated their joint demands for an adequate veteran policy. The opening of a Veterans Office in Berlin and the establishment of a National Veterans' Day demonstrate that this consolidated approach is successful and that there is still a need to bridge differences and disparities between associations, organizations, and coalitions in pursuit of common goals.

Keywords
Veterans, veteran culture, veteran policy, Bundeswehr, Afghanistan

Résumé

Plus de 30 ans de déploiements à l'étranger ont profondément marqué et transformé la Bundeswehr. Les vétérans sont revenus en Allemagne chargés d'expériences parfois intenses, sans recevoir une attention politique ou sociétale particulière. Ce manque de reconnaissance et la souffrance des blessés et des traumatisés ont conduit les personnes affectées à former des associations et des initiatives pour sensibiliser à la situation des vétérans. Ainsi, ils ont formé au fil des ans leur propre culture de vétérans en Allemagne, qui se manifeste aujourd'hui de manière variée. Récemment, les principaux acteurs de ce mouvement se sont unis et ont formulé leurs revendications communes pour une politique appropriée envers les vétérans. L'ouverture d'un bureau des vétérans à Berlin et la création d'une Journée nationale des vétérans montrent que cette approche consolidée est efficace et qu'il reste nécessaire de surmonter les différences et les divergences entre les associations, les organisations et les coalitions dans le but de poursuivre des objectifs communs.

Mots-clés
Vétérans, culture des vétérans, politique des vétérans, Bundeswehr, Afghanistan

Resumen

Más de 30 años de despliegues en el extranjero han marcado y transformado decisivamente a la Bundeswehr. Los repatriados han regresado a Alemania con experiencias a veces intensas, sin recibir una atención política o social especial. Esta falta de reconocimiento y el sufrimiento de los heridos y traumatizados han llevado a los afectados a formar asociaciones e iniciativas para llamar la atención sobre la situación de los veteranos. Como resultado, han estado formando su propia cultura de veteranos en Alemania durante algunos años, la cual ahora se manifiesta de diversas maneras. Recientemente, los actores clave de este movimiento se han unido y han formulado sus demandas conjuntas para una política adecuada para los veteranos. La apertura de una oficina para veteranos en Berlín y la introducción de un Día Nacional del Veterano demuestran que este enfoque consolidado es exitoso y que aún es necesario superar diferencias y discrepancias entre asociaciones, organizaciones y coaliciones en busca de objetivos comunes.

Palabras clave
Veteranos, cultura de veteranos, política de veteranos, Bundeswehr, Afganistán

Samenvatting

Meer dan 30 jaar buitenlandse inzetten hebben de Bundeswehr ingrijpend gevormd en veranderd. Terugkeerders stroomden met soms intense ervaringen terug naar Duitsland, zonder dat hen speciale politieke of maatschappelijke aandacht ten deel viel. Dit gebrek aan erkenning en de lijdensdruk van gewonden en getraumatiseerden hebben ertoe geleid dat betrokkenen zich hebben verenigd in verenigingen en initiatieven om aandacht te vragen voor de situatie van veteranen. Hierdoor hebben zij de afgelopen jaren een eigen Duitse veteranencultuur gevormd, die zich nu op diverse manieren manifesteert. Onlangs hebben de belangrijkste actoren in deze beweging zich verenigd en hun gezamenlijke eisen voor een adequaat veteranenbeleid geformuleerd. De opening van een veteranenkantoor in Berlijn en de invoering van een nationale veteranendag tonen aan dat deze geconsolideerde aanpak succesvol is en dat het ook verder nodig is om verschillen en discrepanties tussen verenigingen, organisaties en samenwerkingsverbanden te overbruggen in het belang van gemeenschappelijke doelen.

Trefwoorden Veteranen, veteranencultuur, veteranenbeleid, Bundeswehr, Afghanistan

Bundestagsbeschluss nationaler Veteranentag
(Abschrift)

Deutscher Bundestag **Drucksache 20/11138**
20. Wahlperiode 23.04.2024

Antrag
der Fraktionen SPD, CDU/CSU, BÜNDNIS 90/DIE GRÜNEN und FDP

Für eine umfassende Wertschätzung – Einen nationalen Veteranentag einführen und die Versorgung von Veteranen und deren Familien verbessern

Der Bundestag wolle beschließen:

I. Der Deutsche Bundestag stellt fest:

Seit der Gründung der Bundeswehr haben über 10 Millionen Frauen und Männer in unseren Streitkräften gedient. Ihr soldatischer Dienst für unser Land ist geprägt von gefährlichen Bedingungen, persönlichen Entbehrungen sowie körperlichen und seelischen Härten. Als Staatsbürgerinnen und Staatsbürger in Uniform setzen sich unsere Soldatinnen und Soldaten alltäglich in ihrem herausfordernden Dienst für Freiheit, Frieden und die Wahrung der Menschenrechte ein. In ihren Einsätzen leisten sie einen wichtigen Beitrag für den Frieden weltweit und für unsere gemeinsame Sicherheit. Die Bundeswehr ist seit 1959 in mehr als 50 Ländern im Auslandseinsatz gewesen. Seit den 1990er Jahren beteiligt sie sich auch an friedenserhaltenden und friedenssichernden Einsätzen sowie einsatzgleichen Verpflichtungen außerhalb und innerhalb des Bündnisgebietes. Der Deutsche Bundestag trägt für die Bundeswehr daher eine besondere Verantwortung. Die Einsätze verlangen unseren Soldatinnen und Soldaten viel ab: Sie müssen in Ausnahmesituationen ihren Dienst ausüben und sehen sich neben positiven Erfahrungen im Einsatz möglicherweise auch Verletzung, Verwundung und Tod gegenüber. Manche Soldatinnen und Soldaten haben infolge ihres Einsatzes selbst schwere physische oder psychische Verletzungen davongetragen, die auch noch lange nach der Rückkehr aus dem Einsatz ihr Leben sowie das ihrer Angehörigen beeinträchtigen.

In Deutschland gelten diejenigen Frauen und Männer in Uniform, die gedient haben, diejenigen die derzeit aktiv dienen und diejenigen, die in der Reserve bereitstehen als Veteraninnen und Veteranen der Bundeswehr. Sie verdienen Respekt, Anerkennung und Würdigung für ihren Dienst und ihre Bereitschaft, im Falle eines Falles das höchste Gut – ihr Leben – für die Sicherheit, Freiheit und die Werte unseres Landes einzusetzen. Dies gilt im besonderen Maße für die Einsatzveteraninnen und -veteranen der Bundeswehr.

Mit den Invictus Games in Düsseldorf im September 2023 unter dem Motto „A home for respect“ haben Bundeswehr und Zivilgesellschaft gemeinsam in einer respektvollen und wertschätzenden Atmosphäre auf die Belange und Bedürfnisse von versehrten Veteraninnen und Veteranen hingewiesen und ihnen die verdiente Aufmerksamkeit zukommen lassen. Diese Wertschätzung gilt es nicht nur im Rahmen einer solchen Einzelveranstaltung, sondern aus der Mitte der Gesellschaft institutionalisiert und kontinuierlich auszudrücken. Zugleich gilt es aber, den in den letzten Wahlperioden eingeschlagenen Weg hin zu einer verbesserten Veteranenversorgung, ganz besonders der Einsatzveteraninnen und -veteranen und ihrer Angehörigen, konsequent fortzusetzen.

Ein nationaler Tag für Veteraninnen und Veteranen kann einen angemessenen Rahmen für die Anerkennung und den Dank für ihre besonderen Leistungen sowie einen Ort des Austausches zwischen ihnen, ihren Angehörigen, Bundeswehr, Gesellschaft und Politik schaffen. Ein so verstandener Tag für Veteraninnen und Veteranen mit Veranstaltungen auf Bundes-, Landes- und kommunaler Ebene in der Mitte der Gesellschaft böte nicht nur die Möglichkeit, Dankbarkeit und Anerkennung gegenüber den Veteranen auszudrücken, sondern fördert auch das Verständnis und Bewusstsein in der Gesellschaft für die Leistungen, Entbehrungen und Opfer, die mit dem Militärdienst verbunden sind. Damit werden die Bindungen zwischen Bundeswehr und Gesellschaft gestärkt.

Die Einführung eines Tages für Veteraninnen und Veteranen darf sich jedoch nicht ausschließlich in symbolischer Anerkennung erschöpfen, sondern soll verknüpft werden mit der nachhaltigen Verbesserung der Lage, vor allem der einsatzgeschädigten Veteraninnen und Veteranen und von deren Familien in Form von verbesserter Fürsorge und Versorgung. Denn Dank und Wertschätzung muss sich auch in rascher, umfassender und unbürokratischer Hilfe für ihre Genesung und weiterer Betreuung ausdrücken. Der Deutsche Bundestag hat in den vergangenen Wahlperioden dazu beigetragen, die Situation einsatzgeschädigter Soldatinnen und Soldaten und ihrer Familien zu erleichtern. Das Einsatzweiterverwendungsgesetz (EinsatzWVG) steht beispielhaft dafür. Dennoch gibt es nach wie vor die Notwendigkeit von Verbesserungen. Gerade psychische Erkrankungen wie zum Beispiel Posttraumatische Belastungsstörungen sind von einer langen Latenzzeit geprägt, so dass viele Einsatzgeschädigte zum Zeitpunkt der Diagnose nicht mehr Angehörige der Bundeswehr sind. Es bedarf einer weiteren Verbesserung besonders für einsatzgeschädigte Soldatinnen und Soldaten und ihrer Angehörigen. Ihnen kommt dabei eine außerordentlich wichtige Rolle im Genesungsprozess und bei der sozialen Integration von Veteraninnen und Veteranen zu. Auch sie verdienen mehr Anerkennung und Wertschätzung für ihre Leistungen.

II. Der Deutsche Bundestag beschließt,

einen nationalen Veteranentag zu etablieren, um den Dienst, den Einsatz und die Leistungen der Soldatinnen und Soldaten der Bundeswehr, die im Einsatz stehen und standen, angemessen zu würdigen.

III. Der Deutsche Bundestag fordert die Bundesregierung auf, im Rahmen der zur Verfügung stehenden Haushaltsmittel

1. in Zusammenarbeit mit dem Deutschen Bundestag ein nachhaltiges und zeitgemäßes Konzept für die Durchführung des nationalen Veteranentags am 15. Juni zu erarbeiten, unter folgenden Auflagen:

a. der Veteranentag soll öffentlich und sichtbar in der Mitte der Gesellschaft sowie zentral in Berlin und dessen Begehung soll, sofern der 15. Juni auf einen Werktag fällt, am Wochenende vor oder nach dem Veteranentag stattfinden;

b. Erarbeitung unter Einbeziehung des Verteidigungsausschusses des Deutschen Bundestages und der Wehrbeauftragten, beteiligter Ressorts sowie von Veteranenverbänden, Sozial- und Wohlfahrtsverbänden und anderen relevanten gesellschaftlichen Akteuren;

c. der Bundestag ist in dieser Angelegenheit innerhalb der kommenden sechs Monate zu unterrichten;

d. die Einführung ist durch geeignete Kampagnen in der breiten Öffentlichkeit bekannt zu machen und zu fördern;

e. es beinhaltet Bildungs- und Informationsangebote für die breite Öffentlichkeit;

f. ein wesentliches Ziel ist es, die Veteraninnen und Veteranen für eine aktive Beteiligung an diesem Gedenktag zu gewinnen;

2. die notwendigen Ressourcen gemäß Nummer 1 für die erfolgreiche Etablierung eines Veteranentages zur Verfügung zu stellen;

3. die Länder und Kommunen aufzufordern, sich in geeigneter Weise an der Durchführung des Veteranentages zu beteiligen;

4. den Veteranentag jährlich auf Basis des Konzeptes zu feiern.

IV. Der Deutsche Bundestag fordert die Bundesregierung auf, im Rahmen der zur Verfügung stehenden Haushaltsmittel,

1. eine grundsätzliche und einheitliche Verbesserung der Nachsorge von im Dienst, besonders im Auslandseinsatz, erlittenen Schädigungen sicherzustellen. Hierzu zählen Fürsorge, Rehabilitationsmaßnahmen, Therapieangebote und Betreuungskonzepte sowie Ansprechstellen für Geschädigte und deren Angehörige, Weiterverwendungs- und Entschädigungsmöglichkeiten;

2. Maßnahmen zu identifizieren und zu ergreifen, um die barrierefreie Ansprechbarkeit und Beratung für Veteranen bundesweit zu gewährleisten, die Verfahren, Beteiligungspflichten und bürokratischen Hürden sowie die Verfahrensdauer für die Bearbeitung von Anfragen auf sechs Monate zu reduzieren, ohne dass die Position der Antragsteller verschlechtert wird, damit Betroffenen schnelle und emphatische Hilfe zuteil wird, wenn notwendig, durch Änderungsvorschläge zu einschlägigen Rechtsvorschriften, ggf. durch die Erarbeitung eines Veteranengesetzes;

3. das Einsatzweiterverwendungsgesetz auf ehemalige Berufssoldatinnen und Berufssoldaten auszuweiten und zu prüfen, inwieweit auch Soldatinnen und Soldaten, die von außerhalb des Einsatzgebietes an einer besonderen Auslandsverwendung teilnehmen sowie Soldatinnen und Soldaten, die im sogenannten „Reachback-Verfahren" Bild- oder Tondokumente aus einem Einsatzgebiet einer besonderen Auslandsverwendung i. S. d. § 63 c Abs. 1 des Soldatenversorgungsgesetzes (SVG) erheben und auswerten, in den Schutzbereich aufgenommen werden können;

4. die Qualität, den Umfang und die Systematik der Behandlung, Rehabilitationsleistungen und Präventionsmaßnahmen für einsatzgeschädigte Soldatinnen und Soldaten sowie ihre Angehörigen extern zu evaluieren und dem Deutschen Bundestag bis zum 31.12.2024 dazu zu berichten;

5. die Einrichtung einer stationären Therapieeinrichtung der Bundeswehr zu prüfen, in der sowohl einsatzgeschädigte Soldatinnen und Soldaten als auch ihre Familien aus einer Hand behandelt und betreut werden können;

6. innerhalb von sechs Monaten zu prüfen, wie auch bei nicht vollständiger einsatzbezogener Dokumentation seitens der Bundeswehr Veteraninnen und Veteranen eine Versorgung ermöglicht werden kann;

7. eine spürbare Aufwertung der Deutschen Härtefallstiftung – als bedeutender Träger des Fürsorgegedankens für Veteraninnen und Veteranen sowie aller durch den Dienst in der Bundeswehr geschädigten Menschen und deren Familien – vorzunehmen;

8. Kenntnisse über Behandlung und Auswirkungen von Krieg und Verwundungen, insbesondere Posttraumatischen Belastungsstörungen, in der Laufbahnausbildung der Führungskräfte der Bundeswehr zu stärken.

Berlin, den 23. April 2024

Dr. Rolf Mützenich und Fraktion

Friedrich Merz, Alexander Dobrindt und Fraktion

Katharina Dröge, Britta Haßelmann und Fraktion

Christian Dürr und Fraktion

Veteranenabzeichen der Bundeswehr

Das deutsche Veteranenabzeichen wurde erstmals am 15. Juni 2019 durch die damalige Bundesministerin der Verteidigung, Ursula von der Leyen, verliehen. Es kann durch aktive und ehrenhaft aus dem Dienst ausgeschiedene Soldatinnen und Soldaten der Bundeswehr unabhängig von ihrer Dienstzeit beantragt werden. Das entsprechende Formular steht als Download auf der Webseite: www.bundeswehr.de/de/ueber-die-bundeswehr/veteranen-ehre-wem-ehre-gebuehrt zur Verfügung [letzter Abruf: 05.11.2024]. Durch Entwicklungen in der bundeswehrbezogenen Beschaffungsorganisation wird künftig eine leicht angepasste, schmalere Variante des Abzeichens ausgegeben. Bislang handelt es sich beim Veteranenabzeichen nicht um ein Ehrenzeichen im Sinne des Ordensgesetzes. Es darf daher nicht an Uniformen der Bundeswehr getragen werden.

Gelbe Schleife

»Gelbe Schleifen« oder »Gelbe Bänder« sind internationale Symbole der Solidarität und Verbundenheit mit Soldatinnen und Soldaten. Sie haben ihren Ursprung in den USA und sind inzwischen auch in Ländern wie Schweden, England, Dänemark und Deutschland verbreitet. Die Schleifen bzw. Bänder dienen als sichtbares Zeichen der Dankbarkeit, des Rückhalts und des Respekts gegenüber den Streitkräften und fördern das Bewusstsein und die Auseinandersetzung mit deren Aufgaben und Herausforderungen. In der Praxis werden sie etwa durch das Tragen als Anstecker oder das Anbringen an Autos und Gebäuden sichtbar gemacht. Kommunen und Organisationen nutzen sie zudem an Rathäusern oder Ortsschildern, um ihre Unterstützung öffentlich zu demonstrieren.

Vergissmeinnicht

Das Vergissmeinnicht wird in der Veteranenbewegung vor allem genutzt, wenn es um das Toten- und Gefallenengedenken geht. Die zarten, blauen Blüten symbolisieren die lebendige Erinnerung und den liebevollen Abschied. Sie sollen einen Kontrast zum gnadenlosen Sterben in Kriegen darstellen. Im internationalen Umfeld werden daneben auch Mohn- oder Kornblumen zur Erinnerung an Kriegstote genutzt. Sie werden hierzulande vor allem an stillen Gedenktagen wie dem Volkstrauertag, Allerheiligen und dem Totensonntag getragen. Während der Aktion #DerLeereStuhl erinnern in der Weihnachtszeit zudem bundesweit Menschen mit dem Vergissmeinnicht an eingedeckten Festtafeln an gefallene, verwundete, traumatisierte und vermisste Kameradinnen und Kameraden.

Veteranenlogos

Entwurf des Gemeinschaftslogos für den nationalen Veteranentag (Lizenz: Bund Deutscher EinsatzVeteranen)

Lizenzfreies Logo zur Nutzung für Veteraneninitiativen (Deutscher BundeswehrVerband)

Einscannen!

Füllen wir den Veteranentag mit Leben!

QR-Code zum regelmäßig erweiterten Ideenpapier »Mitmachen erwünscht: Füllen wir den Veteranentag mit Leben!«, das vielfältige Vorschläge zur Ausgestaltung des nationalen Veteranentages in Deutschland enthält.

Einsatzrückkehrer- und Veteranenliteratur

Alekozei, Soraya: Sie konnten mich nicht töten. Als Afghanin im Einsatz für die Bundeswehr. Ullstein: Berlin 2014.

Barth, Carsten/Schaal, Oliver: Deutschland dienen: Im Einsatz – Soldaten erzählen. Plassen: Kulmbach 2016.

Bensch, Fabrizio: Einsatz in Afghanistan: Fotografien und Briefe von Fabrizio Bensch. Landeszentrale für Politische Bildung: Brandenburg 2010.

Bohnert, Marcel/Neumann, Andy: Deutsche Panzergrenadiere im Kampfeinsatz in Afghanistan. 2. Auflage. DeutscherVeteranenVerlag: Berlin 2025.

Bohnert, Marcel/Schreiber, Björn (Hrsg.): Die unsichtbaren Veteranen. Kriegsheimkehrer in der deutschen Gesellschaft. Miles: Berlin 2016.

Bracht, Roman: 80 mm. Einsatzveteranen der Bundeswehr. Bracht: Köln 2019.

Brinkmann, Sascha/Hoppe, Joachim/Schröder, Wolfgang (Hrsg.): Feindkontakt. Gefechtsberichte aus Afghanistan. Mittler: Hamburg 2013.

Brinkmann, Sascha/Hoppe, Joachim (Hrsg.): Generation Einsatz. Fallschirmjäger berichten ihre Erfahrungen aus Afghanistan. Miles: Berlin 2010.

Buske, Rainer: Kunduz. Ein Erlebnisbericht über einen militärischen Einsatz der Bundeswehr in Afghanistan im Jahre 2008. Miles: Berlin 2015.

Clair, Johannes: Vier Tage im November. Mein Kampfeinsatz in Afghanistan. Econ: Berlin 2012.

Daxner, Michael (Hrsg.): Deutschland in Afghanistan. BIS: Oldenburg 2014.

Düe, Nadine/Forster, Fabian (Hrsg.): Auch. Wir. Dienten. Deutschland. Über die Zusammenarbeit mit afghanischen Ortskräften während des ISAF-Einsatzes. Bundeszentrale für Politische Bildung: Berlin 2018.

Eckhold, Robert: Fallschirmjäger in Kunduz. Wir kamen, um zu helfen, und erlebten den perfiden Terror! Command: Limbach-Oberfrohna 2010.

Egleder, Julia/Bohnert, Marcel: Deutschlands Veteranen. (Über-)Leben nach dem Einsatz. Mittler: Hamburg 2023.

Erös, Reinhard: Tee mit dem Teufel. Als deutscher Militärarzt in Afghanistan. Hoffmann & Campe: Hamburg 2022.

Gerstner, Christian: Unter dem Schwert. 15 Jahre im Kommando Spezialkräfte. Miles: Berlin 2023.

Glatz, Rainer/Tophoven, Rolf (Hrsg.): Am Hindukusch – Und weiter? Die Bundeswehr im Auslandseinsatz: Erfahrungen, Bilanzen, Ausblicke. Bundeszentrale für Politische Bildung: Bonn 2015.

Gregis, Wolf: Das Karfreitagsgefecht. Deutsche Soldaten im Feuer der Taliban. Econ: Berlin 2025.

Gregis, Wolf: Sandseele. Isegrimm: Rostock 2021.

Groos, Heike: Das ist auch euer Krieg! Deutsche Soldaten berichten von ihren Einsätzen. Fischer: Frankfurt a.M. 2011.

Groos, Heike: Ein schöner Tag zum Sterben. Als Bundeswehrärztin in Afghanistan. Fischer: Frankfurt a.M. 2010.

Hammouti-Reinke, Nariman/Mendlewitsch, Doris: Ich diene Deutschland. Ein Plädoyer für die Bundeswehr – und warum sie sich ändern muss. Rowohlt: Berlin 2019.

Hartmann, Christian/Götz, Markus: „Hier ist Krieg". Afghanistan-Tagebuch 2010. Vandenhoeck & Ruprecht: Göttingen 2021.

Hassan-Khan, André: Heute fühlt sich alles an wie Krieg. Ein Drohneneinsatz, ein Trauma und seine Folgen. Rowohlt: Reinbek 2024.

Kuhlen, Kay: Um des lieben Friedens willen. Als Peacekeeper im Kosovo. Miles: Berlin 2009.

Kuhn, Steven E./Nordhausen, Frank: Soldat im Golfkrieg. Vom Kämpfer zum Zweifler. Ch. Links: Berlin 2003.

Lather, Dietger: Für Deutschland in den Krieg. Auslandseinsätze der Bundeswehr und was Soldaten, ihre Angehörigen und die deutsche Gesellschaft darüber wissen müssen. Tectum: Marburg 2015.

Lindemann, Marc: Unter Beschuss. Warum Deutschland in Afghanistan scheitert. Econ: Berlin 2011.

Meyer, Andreas: Sterben kann man jeden Tag. Als Bundeswehrsoldat in Afghanistan. Tredition: Hamburg 2016.

Montrose, Jeff: In der Wüste des Wahnsinns: Was ich im Irakkrieg erlebt und endlich begriffen habe. Econ: Berlin 2021.

Neumann, Andy/Bohnert, Marcel: German Mechanized Infantry on Combat Operations in Afghanistan. Miles: Berlin 2016.

Nilgen Alvarez, Fabio/Gundlach, Lars/Bohnert, Marcel: Der virtuelle Kampf: ISIS im Irak. Helmut-Schmidt-Universität/Universität der Bundeswehr Hamburg: Video-DVD. Hamburg 2024.

Pfeil, Werner: Ein Sommertag im Krieg. Mein D-Day im Kosovo. Olzog: München 2019.

Reichelt, Julian/Meyer, Jan: Ruhet in Frieden, Soldaten! Wie Politik und Bundeswehr die Wahrheit über Afghanistan vertuschen. Fackelträger: Köln 2010.

Schiebold, Kurt H.: 99 Tage Afghanistan. Wie der deutsche Einsatz 2003 im Nordosten Afghanistans begann. Miles: Berlin 2022.

Schmitt, Jonathan: Foxtrott 4. Sechs Monate mit deutschen Soldaten in Afghanistan. Bertelsmann: München 2012.

Schreiber, Björn/Bohnert, Marcel: 200 Tage Kunduz. Erfahrungen einer Kampfkompanie in Afghanistan. Vortrag, Fotopräsentation, Diskussion. 3. Auflage. Video-Doppel-DVD. Helmut-Schmidt-Universität/Universität der Bundeswehr Hamburg: Hamburg 2014.

Schwitalla, Artur: Afghanistan, jetzt weiß ich erst. Gedanken aus meiner Zeit als Kommandeur des Provincial Reconstruction Team Feyzabad. Miles: Berlin 2010.

Sedlatzek-Müller, Robert: Soldatenglück. Mein Leben nach dem Überleben. Edel: Hamburg 2012.

Seliger, Marco: Das Afghanistan-Desaster. Mittler: Hamburg 2021.

Seliger, Marco: Sterben für Kabul. Aufzeichnungen über einen verdrängten Krieg. Mittler: Hamburg 2011.

Shayan, Bishan: Brückenbauer im Krieg. Erinnerungen eines Veteranen (unveröffentlichtes Manuskript, Publikation in Erstellung).

Siegenführer, Ralf: 127 Tage Einsatz in Kundus. Explorate: Königsfeld 2025 (Publikation in Erstellung).

Skrzypczak, Daniela: Gesichter des Lebens. Invictus Games 2023. Zeig der Welt dein Gesicht. Demipress: Berlin 2023.

Skrzypczak, Daniela: Gesichter des Lebens 2022. Zeig der Welt dein Gesicht. Demipress: Berlin 2022.

Strack, Sandro/Micus, Andrea: Ich hatte ein Leben: Wie ich mir vom Kriegseinsatz in Afghanistan traumatisiert den Weg zurück ins Glück erkämpfen musste. Riva: München 2016.

Timmermann-Levanas, Andreas/Richter, Andrea: Die reden – wir sterben. Wie deutsche Soldaten zu Opfern der Politik werden. Campus: Frankfurt a.M. 2010.

Uzulis, André: Der vergebliche Krieg – 20 Jahre Bundeswehr in Afghanistan. Geschichte und Bilanz. Miles: Berlin 2024.

Vockerodt, Hagen: 1638 im Krieg. Die Kehrseite der Einsatzmedaille. Miles: Berlin 2024.

Weber, Christian: Veteranenpolitik in Deutschland. Die neuen Bande der zivil-militärischen Beziehungen? Nomos: Baden-Baden 2017.

Wolgethan, Achim: Operation Kundus. Mein zweiter Einsatz in Afghanistan. Econ: Berlin 2009.

Wolgethan, Achim: Endstation Kabul. Als deutscher Soldat in Afghanistan – ein Insiderbericht. Ullstein: Berlin 2008.

Würich, Sabine/Scheffer, Ulrike: Operation Heimkehr. Bundeswehrsoldaten über ihr Leben nach dem Auslandseinsatz. Ch. Links: Berlin 2014.

"'Deutschlands Veteranen' ist ein lang überfälliges Buch."
André Uzulis, loyal-Magazin

"Auf Grund der Botschaft, Inhalt, Aufmachung und Eindringlichkeit verdient der Sammelband zum Buch des Jahres in Deutschland erhoben zu werden."
Friedrich Jeschonnek, Hardthöhen Kurier

"Die Geschichten in 'Deutschlands Veteranen' lassen keinen Zweifel daran, dass jeder der Porträtierten die Aufmerksamkeit verdient, die ihm das Buch schenkt."
Lorenz Hemicker, Frankfurter Allgemeine Zeitung

"Das Buch erzählt vom Scheitern, aber auch vom Gelingen, von kleinen Siegen und großen Schlachten. Und das macht dieses Buch so besonders."
Philipp Kohlhöfer, Die Bundeswehr

www.BundeswehrVerband.de/Veteranen

#DieUnsichtbarenVeteranen #Veteranenkultur #Veteranenpolitik #Veteranentag #GemeinsamStark

Lest we forget

Carola Hartmann Miles-Verlag

Standpunkte und Orientierungen

Uwe Hartmann (Hrsg.), *Lernen von Afghanistan. Innovative Mittel und Wege für Auslandseinsätze,* Berlin 2015.

Uwe Hartmann, *Hybrider Krieg als neue Bedrohung von Freiheit und Frieden. Zur Relevanz der Inneren Führung in Politik, Gesellschaft und Streitkräften,* Berlin 2015.

Florian Beerenkämper, Marcel Bohnert, Anja Buresch, Sandra Matuszewski, *Der innerafghanische Friedens- und Aussöhnungsprozess,* Berlin 2017.

Martin Sebaldt, *Nicht abwehrbereit. Die Kardinalprobleme der deutschen Streitkräfte, der Offenbarungseid des Weißbuchs und die Wege aus der Gefahr,* Berlin 2017.

Christian J. Grothaus, *Der „hybride Krieg" vor dem Hintergrund der kollektiven Gedächtnisse Estlands, Lettlands und Litauens,* Berlin 2017.

Uwe Hartmann, *Der gute Soldat. Politische Kultur und soldatisches Selbstverständnis heute,* Berlin 2018.

Christian Bauer, Marcel Bohnert, Jan Pahl, *Vitalis Innere Führung! Zum Status Quo der Führungskultur in den deutschen Streitkräften,* Berlin 2019.

Helmut Jermer, *Innere Führung kompakt. Eine Zusammenschau als Lehr- und Lernhilfe,* Berlin 2019.

Martin Sebaldt, *Das Elend der Strategen. Warum die deutsche Militärpolitik versagt,* Berlin 2020.

Hannes Wendroth, *Gute Führung – (k)ein Selbstgänger. Kleine Führungshilfe mit praktischen Hinweisen und persönlichen Anmerkungen,* Berlin 2022.

Hans-Christian Witthauer, Thomas Saller, *Führung und das 3 Alpha Prinzip. Militärisches Handwerkszeug für den zivilen Führungsalltag,* Berlin [2]2024.

Einsatzerfahrungen

Artur Schwitalla, *Afghanistan, jetzt weiß ich erst...,* Berlin 2010.

Sascha Brinkmann, Joachim Hoppe (Hrsg.), *Generation Einsatz. Fallschirmjäger berichten ihre Erfahrungen aus Afghanistan,* Berlin 2010.

Rainer Buske, *KUNDUZ. Ein Erlebnisbericht über einen militärischen Einsatz der Bundeswehr in Afghanistan im Jahre 2008,* Berlin 2015.

Marcel Bohnert, Andy Neumann, *German Mechanized Infantry on Combat Operations in Afghanistan,* Berlin 2016.

Alois Bach, Carola Hartmann (Hrsg.), *Unbekannte Helden des Alltags. Soldaten und Ehefrauen berichten über Verantwortung, Humanität und Belastung im Auslandseinsatz,* Berlin 2020.

Kurt Helmut Schiebold, *99 Tage in Afghanistan. Wie der deutsche Einsatz 2003 im Nordosten Afghanistans begann. Aus meinem Tagebuch,* Berlin 2022.

Christian Gerstner, *Unter dem Schwert. 15 Jahre im Kommando Spezialkräfte,* Berlin 2023.

Hagen Vockerodt, *1638 Tage im Krieg. Die Kehrseite der Einsatzmedaille,* Berlin 2024.

Jahrbuch Innere Führung (seit 2009)

Uwe Hartmann, Reinhold Janke, Claus von Rosen (Hrsg.), *Jahrbuch Innere Führung 2020. Zur Weiterentwicklung der Inneren Führung: Themen und Inhalte,* Berlin 2020.

Uwe Hartmann, Reinhold Janke, Claus von Rosen (Hrsg.), *Jahrbuch Innere Führung 2021/22. Ein neues Mindset Landes- und Bündnisverteidigung?,* Berlin 2022.

Uwe Hartmann, Reinhold Janke, Claus von Rosen (Hrsg.), *Jahrbuch Innere Führung 2022/23. Zeitenwende und Kriegsbilder,* Berlin 2023.

Uwe Hartmann, Reinhold Janke, Claus von Rosen (Hrsg.), *Jahrbuch Innere Führung 2023/24. Der Krieg in der Ukraine,* Berlin 2024.

Sicherheitspolitik

Thomas Jäger, Ralph Thiele (Hrsg.), *Der Politische Islamismus als hybrider Akteur globaler Reichweite. Die liberale demokratische Ordnung muss ihre Resilienz stärken,* Berlin 2021.

Uwe Hartmann, *Die Nato. Mächte und Menschen in der transatlantischen Allianz,* Berlin 2021.

Dirk Freudenberg, *Wehrhaftigkeit der Medienordnung – Rechtliche und rechts-politische Probleme vor dem Hintergrund der Konzeption Zivile Verteidigung (KZV),* Berlin 2022.

Carsten Rechtien, *Trumps Amerika – Eine geopolitische Revolution? Tradition und Neuausrichtung der US-Außenpolitik in der beginnenden Ära Trump, Berlin 2022.*

Hans-Peter Weinheimer, *Bevölkerungsschutz 2030 –Anleitung zur Überwindung eines "bewährten" Systems,* Berlin 2022.

Militär und Gesellschaft

Hans-Christian Beck, Christian Singer (Hrsg.), *Entscheiden – Führen – Verantworten. Soldatsein im 21. Jahrhundert,* Berlin 2011.

Marcel Bohnert, Lukas J. Reitstetter (Hrsg.), *Armee im Aufbruch. Zur Gedankenwelt junger Offiziere in den Kampftruppen der Bundeswehr,* Berlin 2014.

Eberhard Birk, Peter Andreas Popp (Hrsg.), *Luftwaffenoffizier 21. Das Selbstverständnis des Luftwaffenoffiziers zu Beginn des 21. Jahrhunderts, (aus der Reihe Schriften zur Geschichte der Deutschen Luftwaffe, Band 5),* Berlin 2016.

Alois Bach, Walter Sauer (Hrsg.), *Schützen.Retten.Kämpfen. Dienen für Deutschland,* Berlin 2016.

Marcel Bohnert, Björn Schreiber (Hrsg.), *Die unsichtbaren Veteranen. Kriegsheimkehrer in der deutschen Gesellschaft,* Berlin 2016.

Angelika Dörfler-Dierken (Hrsg.), *Hinschauen! Geschlecht, Rechtspopulismus, Rituale: Systemische Probleme oder individuelles Fehlverhalten?,* Berlin 2019.

Militärgeschichte

Eberhard Kliem, Kathrin Orth, *"Wir wurden wie blödsinnig vom Feind beschossen". Menschen und Schiffe in der Skagerrakschlacht 1916,* Berlin 2016.

Hans Frank, Norbert Rath, *Kommodore Rudolf Petersen. Führer der Schnellboote 1942–1945. Ein Leben in Licht und Schatten unteilbarer Verantwortung,* Berlin 2016.

Joachim Welz, *Erfolgsstory oder Trauma – die Übernahme von Armeen. Lehren aus der Übernahme des österreichischen Bundesheeres in die Wehrmacht 1938 und der Reste der NVA in die Bundeswehr 1990,* Berlin 2018.

Joachim Hoppe, Manfred Wilde (Hrsg.), *Die Unteroffizierschule des Heeres, Die militärische Meisterschule,* Berlin 2016.

Georg Neuhaus, *Am Anfang war ein Speer. Eine Chronographie der Kriegs- und Militärtechnologien,* Berlin 2018.

Hans-Werner Ahrens, *Die Transportflieger der Luftwaffe 1956 bis 1971. Konzeption – Aufbau – Einsatz, (Reihe Schriften zur Geschichte der Deutschen Luftwaffe, Band 8),* Berlin 2019.

Jobst Reller, *Die Anfänge der evangelischen Militärseelsorge,* Berlin ^{2}2020.

Eberhard Frhr. v. Senden, Friedrich Frhr. v. Senden, *Der Erste Weltkrieg 1914–1918. Erlebnisse eines jungen Leutnants,* Berlin 2020.

Hans-Günter Behrendt, *Flugabwehr in Deutschland. Stationierungsorte und Systeme 1956-2012,* Berlin 2021.

Harald Fritz Potempa, *Balkan 1914-1945. Raum und Kleiner Krieg als militärhistorische Kategorien in der Wahrnehmung deutscher Streitkräfte,* Berlin 2021.

Stephan Horn, *Französische und wallonische Freiwilligenverbände im Zweiten Weltkrieg. Politische Implikationen militärischer Kollaboration,* Berlin 2021.

Jörg Beining, *Streng geheim! Elektronische Kampfführung im Kalten Krieg. Die EloKa der Bundeswehr und NATO aus östlicher Perspektive,* Berlin 2021.

Martin Kutz, *Die Schlacht als Männerballett oder Mythos und Militär,* Berlin 2022.

Olaf Rönnau, *Eine totale Institution als Zwischenspiel. Die Kadettenschule der NVA von ihrer Gründung 1956 bis zu ihrer Auflösung 1961,* Berlin 2022.

Stephan Maninger, *Für einige Morgen aus Eis und Schnee – Großbritanniens Kampf um Nordamerika 1754-1763,* Berlin 2022.

Frank Ganseuer, Heinrich Walle, *Die Parlamentsmarine. Geschichte(n) und Porträts zur ersten deutschen Flotte von 1848, Beiträge zur Schifffahrts- und Marinegeschichte Band 21,* Berlin 2023.

Eberhard Birk, *Die Deutschen und ihr Militär. Ein Streifzug mit Variationen und Reflexionen über ein einfach schwieriges Thema,* Berlin 2023.

Gerd Bolik, *NATO-Planungen für die Verteidigung der Bundesrepublik Deutschland im Kalten Krieg,* Berlin [2]2023.

Erinnerungen

Blue Braun, *Erinnerungen an die Marine 1956–1996,* Berlin 2012.

Klaus Grot, *So war's, damals. Dienstchronik eines Pionieroffiziers im Kalten Krieg 1954–1991,* Berlin 2014.

Gustav Lünenborg, *Bürger und Soldat. Innere Führung hautnah 1956–1993, 1993–2015,* Berlin 2015.

Adolf Brüggemann, *Als Offizier der Bundeswehr im Auswärtigen Dienst. Meine Erinnerungen als Militärattaché in Seoul (Republik*

Korea) 1978–83 und in Prag (Tschechoslowakei/Tschechien) 1988–1993, Berlin 2015.

Rainer Buske, *Eine Reise ins Innere der Bundeswehr. Wundersame Geschichten aus einer anderen Welt,* Berlin 2016.

Heinz Laube, *Duell am Himmel,* Berlin 2016.

Viktor Toyka, *Dienst in Zeiten des Wandels. Erinnerungen aus 40 Jahren Dienst als Marineoffizier 1966-2000,* Berlin 2017.

Hans-Eckhard Tribess (Hrsg.), *Im Leben unterwegs – für den Frieden. Festschrift für Wolfgang Altenburg zum 90. Geburtstag am 22. Juni 2018,* Berlin 2019.

Kurt Graf v. Schweinitz, *Notizen im Transit von Krieg und Frieden,* Berlin 2020.

Karl-Otto Behrendt, *Der kurze Bericht über eine lange Zeit. Kriegsgefangenschaft 1945–1953, herausgegeben und kommentiert von Hans-Günter Behrendt,* Berlin 2021.

Hans Peter von Kirchbach, *Herz an der Angel,* Berlin 2021.

Dieter Wolf, *Erlebnisse eines MAD-Offiziers und Leistungssportlers,* Berlin 2022.

Klaus Beckmann, *Dienstweg – kein Durchgang? Als Pfarrer und Staatsbürger in der Bundeswehr,* Berlin 2022.

Bernhard R. Kroener, *Lebensscherben – Hoffnungsspuren. Eine Familie aus Schlesien in den Stürmen des 20. Jahrhundert. In zwei Bänden. Eine dokumentarische Erzählung. Mit einer Familienstammfolge von Peter Bahl,* Berlin 2023.

Offiziersbibliothek

Uwe Hartmann, *Offiziersbibliothek I. Deutschland,* Berlin 2020.

Franz H.U. Borkenhagen, Uwe Hartmann, *Offiziersbibliothek II. Internationale Beziehungen und Sicherheitspolitik,* Berlin 2021.

www.miles-verlag.jimdo.com